旅するキッチン

異国で出会った道具とレシピ

口尾 麻美

TRAVEL KITCHEN

ASAMI KUCHIO

家の光協会

MOROCCO

»» PAGE 022

TURKEY

»» PAGE 032

GEORGIA

»» PAGE 044

RUSSIA

»» PAGE 054

LITHUANIA

»» PAGE 062

SPAIN

»» PAGE 070

FRANCE

»» PAGE 080

VIETNAM

»» PAGE 090

TAIWAN

»» PAGE 098

KOREA

»» PAGE 108

THAILAND

»» PAGE 116

CAMBODIA

»» PAGE 122

HONG KONG

»» PAGE 128

MACAO

»» PAGE 134

この本に登場する国と地域

はじめに

意識はしていなかったが、気がつけばいろいろな道具を持っていた。
それは、旅先で食べた家庭の味やストリートの味を持ち帰って作りたかったから。
「まずは、カタチから」。私はそういう派なのだ。
モロッコのタジン、トルコで飲んだチャイ、ベトナムのバイン・ミー……。
もちろん、専用の道具がないと作れないわけでもない。
でも、使ってみるとわかることもある。
そうやって、道具を通してその国の食文化や気質を感じてきた気がする。
単純に「楽しいから」と言ってもいい。
道具については、雑誌などの媒体で紹介する機会が何度もあった。
今回、書籍のお話をもらって、あらためて、道具について思いを巡らせた。
そしたら、旅のエピソードや思い出が、頭の中にいくつも蘇ってきた。
普通は、職人のとか老舗のなど「実用」や「一生もの」がテーマとなるところだが、
これからはじまるのは、ためになるような、ならないような道具のお話。
一緒に道具探しの旅にお付き合いいただけたら、うれしい。

CONTENTS

CONTENTS

レシピのお約束

- 小さじ1は5㎖、大さじ1は15㎖、1カップは200㎖です。
- オーブンの焼き時間は目安です。機種によって違いがあるので、様子を見て加減してください。
- 火加減はとくに表記があるもの以外は中火です。
- 現地の食材や調味料を使うものは、代用の情報を紹介しています。

MOROCCO
【モロッコ】

夕陽が沈む国・マグレブの道具

モロッコは、日本とは違う文化を持つ国。けれども、なぜだか日本人を惹きつける料理や道具が存在する。タジン、クスクス、塩レモン、アリッサ[*1]！そういえば、モロッコでタジンを食べたとき、肉じゃがを思い浮かべた。

タジン

砂漠生まれのタジンは、浅い鍋の部分と三角の蓋が特徴。水が貴重な砂漠地帯で、食材の水分だけで調理ができる優れた鍋がタジン。鍋を火にかけると、加熱された食材から出た水蒸気が、三角の蓋の先端で冷やされ、鍋の中を循環する。現地では、七輪の上で、炭火で調理される。

ハリラボウル

ハリラは、ラマダン[*2]明けなどに飲まれるモロッコのみそ汁的存在の豆のスープ。家庭でも屋台でも作られる。ハリラボウルは、屋台でもよく見かける絵付けのスープボウル。手描きの素朴さとカラフルな色合いが魅力。スーク（市場）で購入できる。コーランの柄など個性豊か。

かご

かごに使われる素材は、「アブダ」と呼ばれるヤシの葉や、「ドーム」と呼ばれる草を乾燥させたもの。マルシェバッグをはじめ、昔ながらのロバが運ぶ荷物を入れるかご、ホブス[*3]を入れるパンかごなど、日常的に使われている。カラフルな色柄のものが多いのが、モロッコらしい。

＊1 アリッサ⇒北アフリカ生まれの辛味調味料 ＊2 ラマダン⇒ムスリムの義務のひとつ「断食」 ＊3 ホブス⇒モロッコの定番パン

タジンの神様降臨！

モロッコの2大料理といえば、tajine〔タジン〕とcouscous〔クスクス〕。ふたつの料理に共通するのは、専用の道具があるということ。とくにタジンは、私が道具を集めるようになったきっかけを作った調理道具の代表選手。今、考えると道具が自分の代名詞になるとは、思いもしていなかった出来事。もう、知らない世代も増えてきているかもしれないが、15年くらい前、私の初めての著書、『ハッピータジンライフ！』を出版した、そのタイミングで世の中にタジンブームが巻き起こった。そしてその風にのって立て続けにタジンのレシピ本を何冊も作ることになった。夢のような出来事だった。当時は、結婚式の引き出物にタジンをもらったという話もよく聞こえてきたくらいだ（笑）。それくらいのブーム。前置きが長くなってしまったが、そもそも、タジンと私の出合いは、夫のモロッコ出張がきっかけだった。夫が、モロッコ土産に買ってきたタジン形の小物入れが、マイファーストタジン。直径12cmの皿に三角の蓋がのっかった愛嬌のあるフォルムにたちまち釘付け！　と同時に、どうしてその形なのかと、むくむくと疑問も湧いてきてさっそく調べはじめたら、どうやら、モロッコには、このシルエットの鍋が存在するということだった。俄然、欲しくなったことはいうまでもない。しかし、くしくも日本には、当時、ほとんど入ってきてはいなかった。やっと手に入れたのが、フランスの鋳物メーカー、ストウブのタジンだった（現在は廃番になったタイプ）。

そうそう、フランスには、モロッコを植民地支配していた歴史的背景や、異国文化に寛容な文化がある。それなので、フランスの家庭では普通にタジンを使ってい

01

02

03

る所も多いと聞いた。バカンスでモロッコを訪れ、現地のタジンを買ってくるパターンもあるそうだ。パーティー好きなフランス人は、材料を入れるだけで簡単に、見た目も豪華なメインディッシュが出来上がる、タジンの魅力にいち早く気がついていた。ちなみにフランスではタジンを鍋ごとオーブンに入れて調理するのだとか。オーブンを使うフランスらしいエピソードだった。

いつの間にか、パリを訪れる目的が、タジン探しになっていた。無数のモロッコ料理の店、パッサージュ（屋内商店街）やマルシェにも。デパートやスーパー、雑貨店。通りすがりの店のショーウインドウ。まだ見ぬモロッコのかけらがたくさんあった。モロッコ料理を食べたり、タジンを見つけては喜んだり。ちなみに、当時、カルフールには、ティファールの電気式のタジンがあった。そのご当地っぽさがたまらない。いろんな発見を含めて、モロッコを疑似体験するのであった。そして気づけばタジンを探す旅がはじまっていた。

タジンの聖地へ

最初のタジンに出合ってから、10年近く経っていよいよモロッコへ。実はこの旅は、著書『ハッピータジンライフ！』の取材だった。遠回りだったけどやっと彼の地に上陸した。Casablanca〔カサブランカ〕は、その名の通り「白い家」を意味するが、街の印象はちょっと埃まみれ。魚市場から、ハッブースというスークに向かうといよいよタジンとのご対面。スークでは乱雑に、しかも地面に無造作に積まれた、絵付けのタジンたちがお出迎え。おぉこれが、探し求めていたタジン！　感動もつかの間、見渡すと、あっちにもこっちにも、あるあるタジン！　なんとなくだが、モ

06

01 パリの通りすがりの電気屋さんのショーウインドウのタジン　02 パリ最古のマルシェ「アンファン・ルージュ」のモロッコ料理屋さん　03 モスケ・ド・パリのアラブ菓子が並ぶショーケース　04 マラケシュのスークの青空マルシェでは野菜とともに大小さまざまなタジンが売られている　05 レストランの看板には下手ウマなタジンのイラストが描かれている　06 旅の途中で食べた絶品の羊のタジン

04

05

ロッコにとってのタジンの立ち位置みたいなものがわかった。その後、車での移動の道すがら、何度となく同じような光景に遭遇してすっかりタジン慣れしてしまった。おもしろいのは、調理道具にもかかわらず、砂漠では蓋だけ置かれて道標になっていたり、塀の上の装飾に使われていたり、タジンはモロッコのアイコンとしての役割を果たしていた。

さて、砂漠といえば、タジンは水が貴重な砂漠で生まれた鍋。食材から出た蒸気が三角の蓋の上部で冷やされ、循環することで調理できるという、優れた鍋なんだけれど、そんな風に見えないくらい、ゆるい作りなのがモロッコらしい。モロッコ滞在中は、毎日といっていいくらいタジンを食べた。おいしいのは当たり前だけど、中には「すごい」がつくものもある。思い出すとまた食べたくなる。砂漠の帰りに食べたベルベル人がやっている店の羊のタジン。アトラス山脈の峠で食べたタジン。マラケシュのスークで食べたおひとり様タジン。そして、家庭のタジン。

モロッコ母さんのタジン

幸運にも、何軒かのお宅でタジンを教えてもらうことができた。マラケシュ在住のかご職人さんのお宅では、牛肉とプルーンのタジン。こちらはマラケシュの伝統的なタジンのひとつ。結婚式などでも出される特別なタジンだ。どんなに貧しくてもおもてなしは忘れない。私たちのための料理。モロッコでは、一日のメインの食事が昼にあたる。なのでタジンも昼に食べられる。普段は、豆や野菜のタジンを食べているという。肉はモロッコではごちそう。大きな塊の肉のタジンは出来上がりまで2時間近くかかる。なので最近は肉は圧力鍋でやわらかくしてからタジンに入れる家

07

08

09

07 砂漠の道標に使われていたタジンの蓋 08 鍋敷きにのせて運ばれるタジン 09 モロッコのキッチン。フランス製のガスコンロで料理されるタジン

も多いという。その2時間の間、キッチンを離れることはできず、ときどき様子を見ながら、低いテーブルと椅子に座って、お菓子をつまみ、ミントティーを飲みながらタジンの番をする。タジンは手間と時間をかけてじっくり味わいを増していく。

マラケシュの郊外にあるベルベルの村ではロバ車がお出迎え。のんびり、ロバ車に揺られながら、お宅に到着。そこには手作りの土壁のおうち。キッチンも手作りの土間スタイル。半分外のような開放感。鍋はベルベルスタイルの丸みを帯びた蓋のラインが特徴。野菜はタジンの上で空中切り。火の通りにくいものから時間差で加えていく。かご職人さんのお宅は、ガスの火だったが、ベルベル村では七輪。タジンの本来の使い方だ。見た目が日本の旅館で出てくるあれに似ていて妙な親近感。途中で水分調整のために蓋と鍋の間にスプーンを挟む姿も愛嬌があっていい。どこまでもアナログ。それがタジン。ちなみにタジンとは「鍋」という意味でほかの鍋もタジンと呼ぶ。そしてタジンに合わせるのが、ホブス。ホブスはモロッコの主食のパン。クスクスはタジンとは食べない。ホブスももちろん手作り。教えてもらったが、ものすごい目分量で再現不可能？　タジンが出来上がったら、テーブルにそのまま運んで、鍋を囲んで家族で食べるのがモロッコ流。蓋を開ける瞬間が、まさにエンターテインメント。思わず、わぁ〜と歓声を上げたくなる。ホブスは一口大にちぎって、熱々の具を挟み、底のソースをすくって食べる。おいしいタジンはオリーブオイルと肉や野菜から出たスープが合わさって、トロッとしたソース状に仕上がっている。それがまたスカスカしたパンにぴったり。このソースが食べたくてタジンを食べると言っていたモロッコのおじさんもいた。時代が変わっても変わらず家庭で使われ続けているこの三角の鍋には、モロッコの人の精神が宿っている。

10

11

12

10タジンは調理中、へらやスプーンを蓋に挟んで水分の調整をする。キッチンの日常のシーンでもある 11モロッコの主食パン「ホブス」の生地をこねている。材料は目分量。それでもおいしく焼けるからすごい 12タジンは本来、七輪にのせ炭火で調理するもの

طاجين الكفتة

【タジン・アルコフタ】

ミートボールのタジン

モロッコの伝統的なタジンのひとつ。
ビー玉くらいの小さなミートボールが特徴。火の通りが早いので手軽に作れるタジン。
ホブスをちぎって、トマトソースとケフタを挟んで食べるのがモロッコスタイル。

材料（3～4人分・直径25㎝のタジン使用）

〈ケフタ〉

牛ひき肉（赤身）…200～250g

A
- クミンパウダー…小さじ1
- パプリカパウダー…小さじ1
- ブラックペッパー…小さじ1/3
- 塩…小さじ1/2～1 ＊好みで加減する
- にんにく（すりおろす）…1/2かけ
- 玉ねぎ（すりおろす）…1/2個
- コリアンダーリーフ、イタリアンパセリ（ともに刻む）…各大さじ1

〈ソース〉

オリーブオイル…大さじ1

玉ねぎ（すりおろす）…1/4個

トマト（すりおろす）…2個

B
- クミンパウダー…小さじ1
- コリアンダーパウダー…小さじ1 ＊なければ省いてよい
- にんにく（すりおろす）…1かけ
- 塩…小さじ1/2

卵…3～4個

〈仕上げ用〉

コリアンダーリーフ、イタリアンパセリ（ともに刻む）…各適量

作り方

1. ケフタを作る。ボウルにひき肉とAを入れてよく混ぜる。まとまってきたら直径2㎝くらいの小さいミートボールを作る。

2. ソースを作る。タジンにオリーブオイルを入れ、弱火で温める。玉ねぎを加えて炒め、蓋をする。しんなりしてきたらトマト、Bを入れてさらに炒め、トマトがソース状になったら、1.のケフタを加え、蓋をして5分ほど加熱する。

3. 2.のケフタに火が通ったら、卵を割り入れ、蓋をして加熱し、好みのかたさになったら火を止める。仕上げにコリアンダーリーフ、イタリアンパセリを散らす。

卵を割り入れたら、余熱でも十分火が通る。半熟くらいがソースとからんでおいしい

豆のスープ【ハリラ】

栄養価が高く体にやさしい豆のスープは、ラマダン明けにはシュバキア（お菓子）やデーツとともに食べられる。家庭や屋台の数ほどレシピがあるといわれるモロッコの日常のスープ。

材料（3～4人分・直径25㎝のタジン使用）

羊肉または牛肉（赤身）…100～150g
オリーブオイル…大さじ2～3
玉ねぎ（みじん切り）…1/2個
セロリ（みじん切り）…1/2本

A
- ジンジャーパウダー…小さじ2
- 塩…小さじ1～2
- ブラックペッパー…小さじ1
- ターメリック…少々　＊なければ省いてよい

トマト（すりおろす）…2個
水…1～1.2ℓ
レンズ豆（乾燥）…100g
コリアンダーリーフ（刻む）…大さじ2
イタリアンパセリ（刻む）…大さじ2
トマトペースト…大さじ1
ひよこ豆（ゆでて皮を取り除く）…100g　＊水煮缶でもよい
バーミセリ（1㎝くらいに折る）…30g　＊カッペリーニで代用可

薄力粉…大さじ2
水…100mℓ
溶き卵…1個分

レモンのくし形切り…4個

作り方

1. 肉はひき肉にするか、さいの目に切る。
2. 鍋にオリーブオイルを入れて熱し、肉を加えて炒める。肉の色が変わったら、玉ねぎとセロリを加えて炒め、香りがしてきたらAを加えてさらに炒める。全体に混ざったら、トマト、水、レンズ豆を入れ、コリアンダーリーフとイタリアンパセリの各半量を入れて、沸騰したら弱火で20分ほど煮る。
3. レンズ豆が煮崩れるくらいやわらかくなったら、トマトペースト、ひよこ豆、バーミセリを加え、さらに10分ほど煮る。
4. 薄力粉を分量の水で溶き、3.に加えて混ぜる。とろみがついたら塩とブラックペッパー（各分量外）で味を調える。
5. 仕上げに溶き卵を回し入れる。器に盛り、残りのコリアンダーリーフ、イタリアンパセリを散らす。レモンを搾っていただく。

レモンを搾ると一気に味が変わる。さっぱりして、いくらでも飲み続けられる無限ループ

TURKEY
【トルコ】
歴史が織りなす道具

東洋と西洋の交差点。
世界三大料理のトルコ料理。
オスマントルコ時代から
さまざまな文化が入ってきたトルコ。
独自のお茶やコーヒー文化と
ユフカは遊牧民の文化。
それぞれに歴史を感じる道具がある。

チャイダンルック

トルコの2段式ポット。一日に何度も飲まれる、トルコの国民的飲み物「チャイ」を入れるためのポット。下段でお湯を沸かし、上段に茶葉とお湯を入れ、蒸らす。濃いめに淹れたチャイをチャイグラスに注ぎ、そこへ下段のお湯を入れ、好みの濃さにして飲む。

ジャズヴェ

トルココーヒーは、ジェズヴェ（イブリック）と呼ばれるひしゃく形の小さな鍋を使う。ジャズヴェにコーヒーの粉と水と砂糖を入れて煮出し、デミタスカップに注ぎ、上澄みだけを飲むスタイル。熱した砂や炭を使って加熱する。カフェの発祥はトルコのイスタンブールといわれている。現在でも大事な場面ではチャイよりもコーヒーが出される。

ユフカ用の道具

ユフカは小麦粉の生地を透かすと新聞が読めるくらい薄くのばしたもの。この生地からさまざまな料理が作られる。そのユフカを作るための道具。丸い台と細長い麺棒が特徴。台は脚があるものもある。麺棒の太さや長さはいろいろあって、自分の使いやすいものを使う。昔はユフカが作れるようになったら嫁に行けるといわれていたそう。

チャイは日常の風景

トルコに行くと誰しも一度は買う気がなくても絨毯屋をのぞくことだろう。絨毯を見ていると、店員が現れ、頼んでもいないのにどこからともなく、チャイが運ばれてくる。トルコ人って親切だな〜って思ったのも束の間、絨毯を取っ換え引っ換え見せてくるではないか。もう、買わずには出られない雰囲気。そういうことだったのね（経験って大事）。絨毯屋のチャイにはご用心を。

トルコではチャイの出前は当たり前。バザール（市場）にあるチャイ屋さんはトルコ語でçaycı〔チャイジュ〕またはçay ocağı〔チャイ・オジャーウ〕という。専用のインターフォンで注文するとチャイジュと呼ばれるおじさんが配達してくれる（そうか、組織ぐるみだったのか……！これは冗談）。バザールでは専用のトレーを指で引っ掛けてチャイを運ぶおじさんの姿に何度も出くわす。チャイ運びはれっきとした職業なんだそう。収入のほうが心配だが。バザールだけではない。ローカル市場に行ったときも、なすやトマト、唐辛子、おいしそうなフルーツの間を颯爽と通り抜ける、チャイを運ぶお兄さんに遭遇。屋外の市場を散策していると折り畳みテーブルだけの簡易なチャイスタンドを発見。ここではグラスではなくデミタスカップサイズの紙コップを使用。さっきのお兄さんのと同じだ（アジト発見！）。どんなときもどんな場所でもチャイは欠かせない飲み物。ちなみにバザールでは運動会の玉入れで使うくらいの大きなかごを背負った人が中を流している。聞けば、キロいくらが基本で食材が売られているので、買い物の荷物が重くなるのも当然。頼むと市場で買い物したものを運んでくれるそうだ。いろんな職業が存在するもんだ。失業したらトルコに

02

01

来ればいい。

　街に出ると、路上のあちこちに低いテーブルと椅子があって、みんなチャイを飲んでいる。私もトルコに行くとそうしている。通りを行き交う人を見ながら、隣のおじさんをチラッと見ながら（トルコのおじさん好き。いつかトルコのおじさんの本を出したいと密かに思っている）、開放的な空気に満たされながらの路上の一杯は最高のひととき。おじさんはよくチャイをごちそうしてくれる。チャイは歓迎、交流、休息、人々を繋ぐ役割もあるのかもしれない。

チューリップとチャイバルダーウ

　トルコのチャイといえば、腰のくびれが特徴的なチューリップ形のグラスに独特な柄のソーサーの組み合わせ。実は、トルコの国花はチューリップ。チューリップといえば、オランダを連想してしまうが、実はトルコから伝わったものといわれている。オスマン帝国時代には、1本の茎にひとつの花がついていることから、唯一神アッラーを表していると考えられていた。チューリップのモチーフは、モスクを彩るタイルの絵柄や、皿や絨毯などさまざまな所で見ることができる。

　絵柄のチューリップは日本で想像するかわいらしいものではなく、シュッとしていて芸術的な姿で描かれている。国民に愛されるチューリップは国民的飲み物のチャイのグラスの形にも投影されている。トルコのチャイグラス、çay bardağı「チャイバルダーウ」は小さくてすっぽり手に収まるサイズ。それはチャイが冷めないうちに飲み干すための工夫だそう。トルコ人は冷めたチャイは飲まないらしい。淹れ立てのチャイはすごく熱いので、グラスのふちを親指と人さし指で持ってゆっくりと口

05

03

04

01 市場でチャイを売り歩くチャイジュ（チャイを売る人） 02 20分のフェリーでの移動も、どんな場所でもチャイは欠かせない 03 トルコの朝ごはん、カフバルトゥはお昼くらいまで続く。チーズやオリーブ、スープにパン。好きなものを好きなだけ食べる。チャイも忘れずに 04 ボレッキはトルコのパイ料理。肉やチーズにほうれん草など、いろいろな種類がある。店では食べたいだけ切り分けてくれる 05 トルコはたくさんの地域ネコが暮らす国。こんな風景も日常

に運ぶ。

まだ説明していなかったが、トルコのçay〔チャイ〕は、インドのチャイと違い、スパイスもミルクも入らない。紅茶と砂糖のみ。基本は角砂糖を入れて甘くして飲む。トルコの角砂糖は、一般的な角砂糖より小さく、チャイグラスに入れるのにちょうどいいサイズ。たいていは、ソーサーに2個ついてくる。人によっては、角砂糖はお茶に溶かさず、半分かじっては、チャイをすすって飲むという。ちょっと上級者っぽい（いつか真似してみよう！）。

一日に何度も

トルコでは、一日に何度も、チャイを飲む。朝起きて、朝、昼、晩と食事ごとに2～3杯、休憩や帰宅後、寝る前など、合わせると、10杯以上になるのだとか。

パンが主食のトルコ。朝ごはんには、エキメッキ（主食パン）のサンドイッチや、アチュマのようなほんのり甘くてふわふわなパン、ポアチャなどの惣菜系のパン。それに、ボレッキ（パイ系）も朝から食べる。どれも紅茶が合う。ケバブなど、お肉や脂っこいものを食べたあとにも、紅茶は口の中をすっきりさせてくれることだろう。たしかに食文化と照らし合わせてみても納得のいくところ。そんなトルコは、何を隠そう、世界一の紅茶消費国。スーパーに行くと、紅茶の茶葉コーナーがすごい。ずら～っと一面に並んだ紅茶は、箱に入ったもの、袋に入ったもの、缶のもの、いろいろある。そして、サイズがどれも大きい。お土産に買って帰ろうというサイズ感ではない。それを見ただけでもトルコ人がどれだけ紅茶を消費するのか想像がつく。一日にそんなに飲んだらカフェインで眠れなくなるのでは？とカフェインが

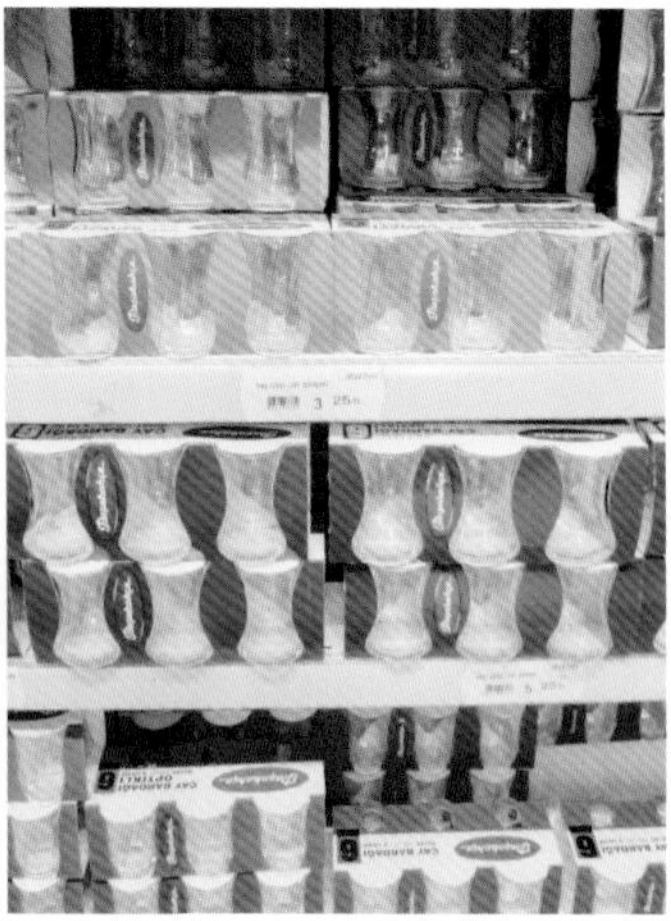

07

06

苦手な私としてはふと疑問に思ってしまう。ところが、一見、濃そうに見えるトルコのチャイは意外にもカフェインが少ないのだそうだ。トルコの紅茶は、黒海地方東部が産地。トルコのチャイは細かい茶葉で、抽出しやすく、長く煮出しても、渋みが出にくく濁りにくいのが特徴なんだそう。家にある茶葉でトルコ式に紅茶を煮出してしまうと、すぐに濁ってしまうのは茶葉の違いだったのか！ ちなみに、おいしく淹れられた紅茶は、tavşan kanı çay〔タヴシャン・カヌ・チャイ〕、「ウサギの血のチャイ」といわれる。紅茶の鮮やかな赤い色や抽出時間を例えているらしい。その反対で薄いチャイを淹れると「ケチ」と言われるらしい。おもしろい。

さてさて、「そんなにしょっちゅうチャイを飲んで、そのたびに、毎回淹れてるの？」と思う方もいるのでは？ いつでもどこでも熱々のチャイがすぐに出てくる、その秘密は道具にあり。トルコで紅茶を淹れるには、çaydanlık〔チャイダンルック〕という2段式ポットを使う。下段の大きめのポットでお湯を沸かし、小さめの上段のポットには茶葉を入れ、蒸らして濃いめの紅茶を煮出す。飲むときは、上段のポットからチャイを適量、グラスに注ぎ、下段のポットからお好みの濃度になるまでお湯を注ぐ。一度で何杯でも飲めるし、2回目からは抽出の手間はなくなる。これがポイント。チャイダンルックは、やかんのように火にかけられるものが一般的だが、電気式のものもある。これならもっと手間が省ける。また、問屋街に行くと、ステンレスのサモワールが売られている。炭を入れて使うタイプだ。これはピクニック好きのトルコ人が外でチャイを淹れるために持っていくのだそう。なかなかの大きさ。トルコ人のチャイへのこだわりを感じる道具だ。なんだか無性にチャイが飲みたくなった。お茶請けにはロクムを用意しよう。

10

09

08

06 赤茶色がおいしそうな理想のチャイ 07 スーパーにはいろいろなサイズやデザインのチャイグラスが売られている。6個で1セットが基本 08 問屋街で売られている、トルコのサモワール。お湯を沸かして、ポットをのせてチャイを淹れる道具 09 ロクムは日本でいう求肥のようなお菓子。定番のピスタチオやヘーゼルナッツ、ローズなどいろいろなフレーバーがある。トルコのコーヒーやチャイのお供 10 街のあちこちに飲み終わったグラスが置かれている

ISPANAKLI GÖZLEME【ウスパナック・ギョズレメ】

ほうれん草のギョズレメ

ギョズレメはトルコ版クレープ。家庭でもよく作られる軽食。
本場で使うユフカという薄い生地は、
細い麺棒で、透かすと新聞が読めるほどの薄さにのばされる。
フィリングを替えればいろいろ楽しめる。

材料（25〜30cmのもの3〜4枚分）

〈生地〉
強力粉…80g
薄力粉…80g
塩…小さじ1/2
水…100mℓ

〈フィリング〉
ほうれん草…1束
オリーブオイル（またはバター）…適量
玉ねぎ（みじん切り）…1/2個
A
塩…小さじ1/2
ブラックペッパー…小さじ1/2
プルビベル…適量
＊トルコの粗びき唐辛子。
カイエンペッパーや韓国産の粗びき唐辛子で代用可
フェタチーズ…50g

〈仕上げ用〉
バター…適量

作り方

1. 生地を作る。ボウルに生地の材料をすべて入れてこね、ひとまとまりになったら40分ほど寝かせる。
2. フィリングを作る。ほうれん草はゆでて水けをきり、細かく切る。フライパンにオリーブオイルを入れて、玉ねぎを加えて炒め、玉ねぎの甘い香りがしてきたら、ほうれん草を入れてさらに炒め、Aを加えて混ぜる。
3. 1.の生地を4等分にし、手で丸める。それぞれ、打ち粉（分量外）をして麺棒で直径20〜25cmに薄くのばし、4等分にした2.とちぎったフェタチーズを中心に広げてのせ、四隅を折り畳む〔写真右〕。
4. フライパンまたは鉄板を熱し、3.の両面を焼く。仕上げにバターを塗る。

生地は、四角に包んでも、半分に畳んでもよい。食べるときは一口大に切ってもよい

TUZLU KURABIYE【トズル・クラビエ】

塩味クッキー

粉物大国のトルコ。実はクッキーの種類も多い。
ものすごく甘いお菓子のイメージが強いが、意外な塩味のお菓子。
ほどよい甘さと塩けがいいバランス。
サクサクほろほろのクッキーはチャイのお供に。

材料(20個分)

バター(食塩不使用)…100g ＊製菓用のマーガリンでもよい
サラダ油(ひまわり油)…大さじ3

A
- 酢…大さじ1
- ベーキングパウダー…小さじ1/2
- 塩…小さじ1
- 砂糖…大さじ1
- 卵白…1個分

薄力粉…250g

〈仕上げ用〉
卵黄…1個分
ニゲラ(ブラッククミンシード)…適量 ＊黒いりごまで代用可
白いりごま…適量

作り方

1. ボウルに室温にもどしたバター、サラダ油を入れて混ぜ、なめらかになったらAを加えて混ぜる。薄力粉を何回かに分けて混ぜる。
2. 生地がひとまとまりになったら、2等分にし、それぞれ麺棒で太めの棒状にのばす。上から押さえて平らにし、厚さ1㎝くらいにして、3㎝幅に斜めに包丁で切る。オーブンシートを敷いた天板に並べる。
3. 2.に仕上げ用の卵黄をはけで塗り、ニゲラと白ごまをふり、170℃のオーブンで20〜25分焼く。

唇形の作り方

生地を20等分にして、それぞれを手で棒状にし、楕円形にして端をとめる。両端を手でつまんで、唇形にする。同様に仕上げて、焼く。

COLUMN 01【アラブの市場】

迷路のようなsouk

モロッコ・マラケシュの旧市街には、
塀に囲まれた迷路のようなsouk(スーク)が広がる。
スークは、お土産品から、ランプ、絨毯、
バブーシュ、かご、スパイス、日用品まで
ありとあらゆるモノと人が行き交う。

GEORGIA
【ジョージア】

ワインの国の宴会道具

世界最古のワイン造りの手法が、ユネスコの無形文化遺産に登録されたジョージア。
なんとなく、酒豪の国のイメージ。
スパイスを使う料理も多く、
ワインが進むのもよくわかる。
歌と踊りと宴会を愛する国。

ピアラ

ジョージアのワインを飲む器。土で作られた土器のようなフォルムが特徴。グラスで飲むのとは、また違った味わい。クヴェブリ型（しずくの形のほう）のものもピアラで、こちらはワインを注がれるとテーブルに置くことができない形状のため、飲み干すしかない。

ワインのボトルカバー

ジョージアのワインショップや土産物店でよく売られている、民族衣装をモチーフにしたワインのボトルカバー。男性の民族衣装の特徴をよく再現している。帽子つき。

スプラ

ジョージアの伝統的なテーブルクロスのこと。スプラは、宴会には欠かせない道具のひとつであるため、いつしか宴会のこともスプラといわれるようになった。ワインがこぼれても目立たないように、青く染められている。インドやペルシャから伝わった板木染で、ペイズリーや鳥のモチーフが定番。

クヴェブリの国

ジョージアの世界最古のワイン造りの手法が、ユネスコの無形文化遺産に登録されたのは、２０１３年。それまで、ジョージア（当時はグルジア）については、あまり知識がなかったのが正直なところ。長寿の国、旧ソビエトの国、お相撲さんの故郷、といった程度の知識だった。ジョージアを私の中でぐんと引き寄せたのが、クヴェブリ。クヴェブリは、人が入れそうな大きな甕で、底に向かって尖っているなんともユニークな形。これに、潰したぶどうを入れ、地中に埋めてワインが造られるという。この原始的な土器が、現代に脈々と受け継がれてきたというだけでワクワクする。そんなジョージアをもっと知りたいと思った。

私の旅の行き先は、長年、行きたいと思っているのに未だ実現していない国もあれば、突然、目の前に現れて、半ば勢いで訪れることになる国もある。ジョージアは後者にあたる。数年前から料理については教えてもらう機会に恵まれ、興味深い味わいを確かめたいという気持ちも大きかった。そして、イスタンブールを経由して、首都トビリシへ。街の第一印象は、あまり観光地化されていない雰囲気。観光地としてのインフラやツーリストの姿も少なく感じた。もしかして、何もないんじゃないかという不安もよぎった。ソビエト時代を彷彿とさせる建物。もしかしたら、ちょっとしたことで法に触れたりするのではないかって（妄想……）。

この旅の目的は、ワイン、料理、雑貨。本題に戻ってミッションを遂行すべくワインショップへ。店内に置かれているワインの種類の多さに驚く。日本では、見たことのないワイナリーのものもたくさんあって、値段も日本で買うよりずっと安い。

01

02

01 ワイナリーで見たクヴェブリ（ワインを造る甕）02 ワインショップで売られていた、ジョージアの民族衣装のボトルカバー。あまりのかわいさに購入 03 クヴェブリで造られたオレンジワイン。なんとも言えない琥珀色がぶどう（皮も種も）が醸された証し 04 焼きたてのムチャディはジョージアのとうもろこしパン。粉物も絶品のジョージア 05 おもてなしの羊肉のシャシリク

ひとまず、安心した(何もなくはなかった!)。次に、オレンジワインが飲める小さなレストランへ行った。ローカルなワイナリーのワインが飲めると評判の店だ。この旅、初めてのワインとハチャプリを注文した。ハチャプリはジョージアのチーズパン。選んだワインが、目の前で注がれた。琥珀色に輝く、オレンジワイン。それと一緒に、ムチャディというとうもろこしのパンが出てきた。そのときの私の知識によると、ムチャディは、普通は揚げるものだったが、出されたのは焼いたものだった。ワインを口に含んでからは、ミラクルの連続！ そのおいしさに脱帽。そして、焼いたムチャディがおいしすぎて、ジョージアに対する期待がマックスになった。

スプラと踊り

実は、日本で知り合ったジョージア人の女性が里帰りしていて、私たちの旅をサポートしてくれていた。家に招待してくれて、夕食をともにする機会を得た。家に着くと、家族や友人が集まっていて、夕食の準備中だった。作り方を見たいと言って、キッチンに入らせてもらったり、建物の外で肉を焼くのを見に行った。外には納屋があり、棚には蓋つきの瓶がたくさん置いてあった。おそらく、野菜や果物を瓶詰めにして保存するためのものだろう。納屋の外では、炭の入った大きなグリルでシャシリクまたはムツヴァディ(串刺し肉)を焼いている。シルクロードの国々一帯で食べられるごちそうだ。なんだか遊牧民になったような気分。肉が焼けたら、熱いのでパンで肉を挟み、串から抜く。抜いた肉は、ざくろとワインビネガーが入ったボウルでさっと和えられ、食卓へ運ばれた。宴会のはじまり。

乾杯は、ジョージアスタイル。お互いの腕を絡ませ、ワインを飲む。初めは難し

05

04

03

いけれど、相手との距離がグッと縮まる。テーブルにはサラダやパドリジャーニというなすの前菜とお母さんお手製のムチャディ。家庭のムチャディは揚げたものだった！　そして先ほど焼いたシャシリク。おなかいっぱいになったころ、ダンスがはじまった。ジョージアの伝統的な踊りだ。足のさばきが難しい。なぜかみんな踊れる。お酒を飲んでいたので恥ずかしさもなく、踊りと宴を楽しんだ夜だった。

家族の団欒にはワインがあった。宴といえば、ジョージアの伝統的な宴会をsupra〔スプラ〕と呼ぶ。スプラでは、宴会の仕切り役のtamada〔タマダ〕が、乾杯の音頭をとるのだそう。宴会のはじまりは、gaumarjos!〔ガウマルジョス〕という勝利の意などの言葉とともに乾杯するのだそう。スプラは、もともとはテーブルクロスを指す言葉で、宴会のテーブルには、必ず伝統的な図柄のテーブルクロスが敷かれることから、いつしか宴会を表す言葉にもなったのだそうだ。伝統的なテーブルクロスは、ペルシャやインドから伝わった板木のブロックプリントでインディゴで染めた藍色が特徴。ワインがこぼれても目立たないというのもおもしろい。ペイズリーや鳥のモチーフがかわいらしいスプラは、宴会に欠かせない道具のひとつ。

宴会道具を探して

楽しかった宴の余韻を残して、旅の日程は進む。ワイナリーで実物のクヴェブリにご対面。８０００年前から作られてきた甕は、職人の技と経験が作り出す。そのクヴェブリが自然の力でぶどうをワインに生まれ変わらせる、奇跡のような飲み物。そのワインを注ぐ器がある。それがphyala〔ピアラ〕。土でできたお椀のような酒杯だ。いかにも原始的。ぜひ連れて帰りたい。

06

07

08

06ジョージア流の乾杯はお互いの腕を交差してお酒を酌み交わす　07家庭のムチャディは揚げパンスタイル。もっちりした食事パン。この日はパドリジャーニ（くるみペーストのなす巻き）や、トマトやきゅうりにハーブを加えたジョージアのサラダ、外で焼いたシャシリクとともにいただいた

トビリシには、毎週開かれる蚤の市がある。そこでは、道沿いに商品が並べられ、家の不用品からヴィンテージ品まで、アイテムもバラバラだ。出店者は、割と年配の人が多い。よく見ると動物の角をくりぬいた入れ物があちこちにあった。聞けば、これはワインの酒杯でkantsi〔カンツィ〕と呼ぶそうだ。先が尖っているので、当然置くことはできない。つまり、ワインを注がれたら、飲み干すしかない。これも重要なスプラの道具。そして、おばあちゃんが並べていた商品の中に、ピアラを見つけた！　手書きの文字やイラスト入りだ。きっとおばあちゃんの家で使っていたものだろう。これでワインを飲むのが楽しみだ。ついでにミニチュアサイズのクヴェブリも手に入れた。日本に戻ってから知ったのだが、飾りだと思っていた小さなクヴェブリは、実はピアラだった！　カンツィと同じ、置くことができない形ゆえ、やはり飲み干すのが鉄則となる。酒豪揃いのジョージア。どんだけ、宴会好きやねん、とツッコミたくもなるが、スプラは、単なる宴会ではなく、結婚式や、客人をもてなしたり、大事なことを決定する場であったり。ジョージアでは大切な文化なのだ。

出発前夜、ジョージアの伝統料理のレストランに行った。私たちの席から壁を挟んだ向こうに、長いテーブルを囲んだ宴が開かれていた。すると、低くて力強い男性の歌声が響きはじめ、演奏と歌の間には手拍子。もうすっかり聴き入ってしまった。これがポリフォニーだ。ポリフォニーは多声音楽といわれ、ジョージアの伝統音楽。自分たちもスプラに参加しているかのように、歌声と演奏に酔いしれた。やはり、そこにはワインがあった。ピアラを見るたび、今もそのときの歌声が頭の中に響き渡る。

10

08 ドライブリッジマーケットは、毎週開かれるフリーマーケット。通りには、たくさんの商品が並ぶ 09 マーケットでよく見かけた角は、カンツィというジョージアの盃。先が尖っていてテーブルには置けないので、ワインを注がれたら飲み干すしかない 10 伝統的な陶器のピッチャーと盃

09

11

11 ワイナリーのレストラン。ジョージアのパンのクラッカーをひまわり油に浸せばワインのお供に

ნიგზვიანი ბადრიჯანი【ニグヴジアニ・バドリジャーニ】

くるみペーストのなす巻き

ジョージア料理には、くるみがよく使われる。
前菜をはじめ、スープやソース、メインディッシュからデザートまでと幅が広い。
くるみの濃厚な風味とスパイスの組み合わせが、今まで食べたことのない味覚の世界を広げてくれる。

材料(2〜3人分)

なす…3本

〈くるみペースト〉

くるみ…100g

玉ねぎ(みじん切り)…1/3個　＊フードプロセッサーにかけてもよい

にんにく(みじん切り)…1かけ

コリアンダーリーフ(みじん切り)…大さじ2

塩…小さじ1/2

レモン汁(またはワインビネガー)…大さじ1　＊好みで加減する

コリアンダーパウダー…小さじ1

フェネグリーク…小さじ1/2　＊なければ省いてよい

オリーブオイル…適量

イタリアンパセリ…適量

くるみ…適量

作り方

1. なすは縦に6㎜くらいの厚さに切り、塩(分量外)を軽くふっておく。

2. くるみペーストを作る。くるみはフードプロセッサーで細かく砕く。ボウルに入れ、残りの材料を混ぜる。

3. 1.のなすは水けをふき取る。フライパンにオリーブオイルを熱し、なすの両面を焼く。

4. 3.のなすに2.をのせ、くるくると巻く。器に盛り、イタリアンパセリとくるみを飾る。

＊ざくろの実が手に入ればのせる

⇐
くるみペーストはいわしに挟んだり、
ゆでた野菜に混ぜてプハリにしても

იმერული ხაჭაპური【イメルリ・ハチャプリ】

イメレティ地方のハチャプリ／チーズ入りパン

ハチャプリはジョージアのチーズパン。
ハチャ(ハチョ)はチーズ、プリはパンを意味する。
地方によってさまざまなハチャプリがある。
イメルリ・ハチャプリは、イメレティ地方のチーズたっぷりのパン。

材料(直径20～24㎝のもの1枚分)

〈生地〉
強力粉…50g
薄力粉…100g

A
- プレーンヨーグルト(無糖)…100g
- ベーキングパウダー…小さじ1/2
- サラダ油…大さじ1/2
- 塩…小さじ1

〈フィリング〉
フェタチーズ…30～50g
ピザ用チーズ…100～150g
＊好みでカッテージチーズを混ぜてもよい
卵…1/2個

バター…適量

作り方

1. 生地を作る。ボウルに強力粉と薄力粉を入れ、Aを加えて、粉に少しずつ混ぜる。ひとまとまりになったらぬれ布巾などをかけ、1時間ほどおいておく。
2. フィリングを作る。ボウルにフィリングの材料を入れて混ぜたら、大きなボール状に丸める。
3. 1.の生地を麺棒で、中心は少し厚めにして、フィリングが包める程度に円形にのばす。2.を中央にのせ、肉まんのように閉じたら〔写真右〕、裏返して手でやさしく平らにのばしていく。穴を開けないように注意。
4. フライパンを温めて3.を入れ、蓋をして片面を焼く。焼き色がついたらバターを塗り、裏返して蓋をしてさらに焼く。全体にふくらんできたら、へらで押さえ、火が通るまで焼く。少し冷めてから、切り分けていただく。

これでもか！というくらいのチーズを入れたほうが、断然おいしくなる

RUSSIA

【ロシア】

ペチカの国の道具

極寒の冬を乗り越えるための
ペチカ(ロシア式暖炉)で使う道具。
豪華な絵付けの漆器も
食器としての役割を果たしていた。
*ペリメニメーカーやお菓子の型も
家事を軽減するための
ソビエト時代からある便利グッズ。
どれも実用から生まれた。

ホフロマ塗り

ロシアを代表する民芸品。ニジェゴロド州のホフロマ村で誕生し、この名がつけられた。菩提樹の木で作られ、漆加工され、絵付けされる。黒地に鮮やかな赤、緑、金で、木の実や草、鳥などが描かれている。軽くて丈夫なので、食器やカップ、キッチン用品など日常的に使われていた。

市場のエプロン

市場で働く女性がつけている、かぶるタイプのエプロン。昭和レトロを彷彿とさせる、ちょっと懐かしいデザインが特徴。レースがついたメイド風、バイカラー、60年代風。いろいろ欲しくなる。客室乗務員のようなキャップや、コック帽のような帽子でトータルコーデも楽しめる。

スープの壺

きのこの壺焼きに代表される、スープや煮込み料理を入れる陶器の器。蓋もある。オーブンにそのまま入れて調理もできる。日本の梅干しを入れる甕に似ているが、用途は別物。ロシア料理の本によく出てくる器。昔はペチカ（暖炉）で使われていた。

＊ペリメニ⇒ロシア風の水餃子

秘密のアドレス

広大な土地を持つロシア。民族も多く、理解するには時間がかかりそうだ。ロシアといえば、真っ先に思い浮かぶ民芸品が、матрёшка〔マトリョーシカ〕。ロシアに来たからには、お気に入りをひとつは持ち帰りたいと思うのは当然のこと。どれだけ素敵なマトリョーシカに会えるのか、密かな期待を持ってやってきたが、土産物店や雑貨店にあるマトリョーシカは、どれも顔がかわいくない！　間抜け顔や老け顔ばかり。これは、ロシア人と日本人の美的感覚の違いなのか？　だとしたら、ロシアではこれがかわいいのか？　もちろん美人のマトリョーシカもいるが、値段が高い。しかも大きくて入れ子の人形の数も多い。やっぱり、値段に比例するものなのだろうか。それとも高額なマトリョーシカを買わせるための戦略なのか。顔をかわいく描けば、もっと売れるはずなのに……などといろいろ頭の中を巡らせてしまう。半ば諦めていたマトリョーシカだったが、期待もせずに入ったブロカント（というよりは中古品店）。これ売っていいの?と言いたいくらいのボロボロな品々の中にある、大きなマトリョーシカが目に飛び込んできた。ちょっと古い感じだったが、ストライクの美人顔。ロシアのショール、платок〔プラトーク〕の柄も繊細に描かれている。そして何より惹かれたのは、胸の所に数字のカードとキリル文字でロト（おそらく）、足元には木樽が描かれている。きっとこれは、ゲームか何かのノベルティに違いない。とにかく個性的でレア感もあって我が家にぴったり。ただ、美人ゆえに値段もそれなりなのか……。とりあえず、店内には私たちしかいない。いったんその子から離れて、ほかも見てみよう。するといい感じに古いホフロマ塗りの器やサモワール、

01

02

03

01 ショーウインドウのマトリョーシカ。ルーツは日本のだるまという説もある 02 ウラジオストクの街の風景。日本から一番近いヨーロッパといわれている 03 街で見かけたピロシキとコカコーラが描かれた看板。合うかも

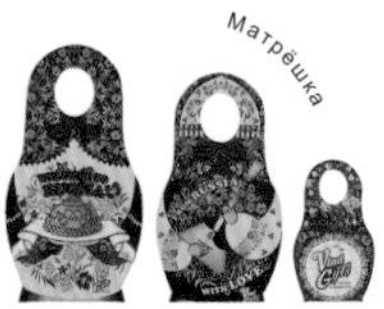

古そうなチェブラーシカグッズもある。なかなかやるじゃん、おじさん（店主らしき人）。

　ホフロマ塗りは、伝統工芸の漆器で黒地に鮮やかな果物や木の実の絵が描かれている食器だ。店内には、値段のついているものとそうでないものがある。見つけたホフロマ塗りは、値段がついていて思いの外、安かったので即決。そこにあるもの全部の大人買いだ。さて、問題のマトリョーシカは値札がついていない。さぁどうする。ロシア語話せないし、いざとなったら電卓で交渉だ！　とりあえず、この手の店は、まとめて買えば安くなるはず。いざおじさんの所へ。金額は……安っ！　拍子抜けするほどの金額だった。と同時にここは、私たちだけの秘密のアドレスとなった。ロシアを理解するにはまだまだ時間がかかりそうだ。

愛しのスタローヴァヤ

　ロシアのイメージは、昔にタイムスリップしたような、ちょっと貧しい感じや、日本でいう昭和レトロのような懐かしさだったりする。

　懐かしさといえば、私のお気に入りの場所、столовая〔スタローヴァヤ〕がある。ロシアの老若男女が愛してやまない場所だ。ソビエト時代に誕生し、工場や学校に併設された労働者のための食堂だ。現代のスタローヴァヤはさまざまあるが、セルフサービスで好きな料理をトレーにのせていくのは当時と変わらないスタイルのようだ。学食のようで、違うのは、朝、昼、夕、軽食、酒場まで、丸一日、どんなシーンにも対応していること。値段も安い。ファミレスに近い。どの店もアットホームな雰囲気で、店員さんの制服はレトロでかわいい。ロシアの家庭料理が充実していて、見ているだけでも楽しくなる。スタローヴァヤで使われている食器は、白色で

04

05

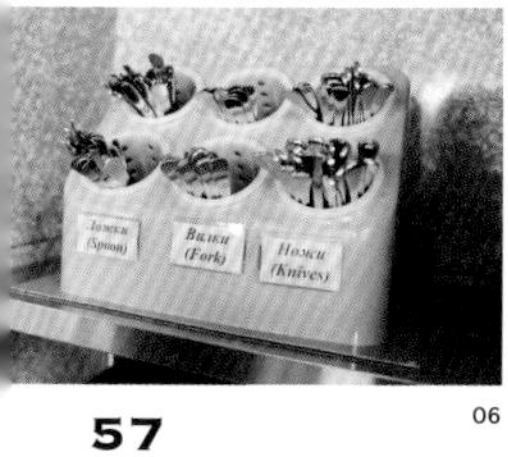

06

04 スタローヴァヤの店員さん。メイドっぽい制服がキュート。05 壺に入ったボルシチ。体が温まる。スメタナ（サワークリーム）がおいしい 06 スタローヴァヤのカトラリーケースは何が入っているか一目瞭然

スタッキングできる業務用が多い。整然としていていい。カトラリー入れも何が入っているか一目瞭然。レトロな雰囲気と無機質になりがちな合理的なデザインのバランスがいい。温かい料理は、店員さんに注文すると、盛り付けて渡してくれる。スープは、金属の壺に入っていた。горшок〔ガルショーク〕、パイ生地で覆われたきのこのスープが入ったあの壺焼きの壺の金属版だ。蓋つきの壺は昔、печка〔ペチカ〕、暖炉での料理に使われていた道具だ。憎い演出。早速、街に出て捜索開始だ！　スタローヴァヤ最高。

極東ロシアの市場巡り

旅先では必ず市場に通う。その国の等身大の暮らしに触れたいからだ。極東ロシアでは、ウラジオストク最大の市場、Китайский рынок〔キタイスキー市場〕へ。この市場は、街の中心部からバスで20分くらいの所にある。余談だが、ロシア人は皆、不機嫌な顔をしていて怖い印象。市場へ向かうバスの中でも誰も私語をせず、お互いに無関心な感じに見えた。バスを降りて道路を渡った所に市場はある。キタイスキーは「中国の」という意味らしく、中国製の商品が多い。日用品から食品まで揃う総合市場で、旧ソビエト連邦の一部だった中央アジアとロシアの両方を味わえる、私にはうってつけの市場だ。入ってすぐに衣料品エリアがあり、その先の食料品エリアへと続く。屋根つきもあるが、ほとんど野外の市場。店先には、中央アジアのパン「ノン」や、ラグマンの手打ち麺、キムチやキンパもある。

その中に、ドアに白樺のヴィヒタ（木の枝を束ねて体をマッサージするサウナで使う道具。ロシア語だとヴェーニク）を下げた店があった。баня〔バーニャ〕と呼ばれる、ロシアの

10

09

07

08

07 ロシアの家庭料理が並ぶ、スタローヴァヤのカウンター。ハイカロリーな料理が多い 08 ロシアのスイーツが並ぶ小さな冷蔵庫。素朴だけどおいしそう 09 ウラジオストクのバスに揺られて。シートは青と黄色のバイカラー 10 キタイスキー市場のバスグッズのお店。ロシアのサウナはバーニャという

サウナ道具を扱う専門店だった。店内は、バスグッズや健康食品を揃えた、薬局のような雰囲気。その中に、一見、皮革のように見える、蓋がついた入れ物がいくつもある。これは、береста〔ベレスタ〕といってロシアの伝統工芸の白樺細工。ロシアでは昔から、防腐効果の高い白樺の皮を使って、かごや容器、履き物などさまざまな生活道具が作られてきた。昔は、パンやはちみつ、ヨーグルトなどの食品も入れていたのだそう。店内はさわやかな白樺の香りでいっぱいだ。私は白樺の皮で編んだサウナ用の履き物を購入した。

店を出た先にはチーズやヨーグルト、バターを売っている乳製品の店。店先には青い制服を着たおばさん。とても似合っていた。よく見るとあちらにもこちらにもいる。これは以前、リトアニアの市場のおばさんたちが着ていたエプロンと同じ匂いがする。リトアニアでは「市場で働かないともらえない」と言われたエプロンに違いない。再び衣料品エリアに向かう。途中、茶色いおがくずのようなものが目に入った。立ち止まると「チャガ、チャガ」と言っている。おばさんの店ははちみつやらハーブを並べていたのできっとお茶か何かと思った。おばさんは身振り手振り(ロシア語しか話せないので)で何かを伝えようとしてくれていた。とりあえず、体にいいものらしいことは理解したので試しに購入。いつの間にかおばさんが笑顔になっていた。そのやり取りを見ていたのか、ほかの店の人たちも穏やかな表情になった気がした。そしてついにエプロンも手に入れた。チャガはシベリア霊芝、白樺に寄生するきのこで、ロシアでは古くから親しまれている健康茶だそうだ。中国人が買いに来るらしい。そしてロシア人が笑わないのは、ヘラヘラ笑っている人間は信用できないからだそうだ。決して怒っているわけではない。むしろいい人たちだった。

13

11

12

14

15

11ベレスタはロシアの白樺細工。とても軽くて繊細な作り 12中央アジアのパン、ノンは大きな食事パン 13ロシアははちみつもおいしい。濃厚な味わい 14夏に採れた野菜などは瓶詰めにして保存する習慣があるロシア。市場でも瓶詰めで売られている 15市場の衣料品エリアにはワークウエアの店も多い。どれもレトロでかわいい

Щи【シチー】

キャベツ入りスープ

シチーは、ロシアの伝統料理。季節によって生のキャベツを使ったり、塩漬けのキャベツを使う。酸味が特徴のスープで、その歴史は古く「実の父よりもシチーは飽きることがない」などシチーにまつわる諺も多い。ロシアの食卓には欠かせない味。

材料(3～4人分)

鶏肉(胸またはもも)…400g

水…1.2ℓ

じゃがいも(小さめの角切り)…3個

キャベツ(せん切り)…300g ＊ザワークラウトでもよい

サラダ油…大さじ2

玉ねぎ(みじん切り)…1個

にんじん(スライサーでせん切り)…1本

トマト(湯むきする)…2～3個 ＊トマトペースト大さじ2～3でもよい

にんにく(みじん切り)…3かけ

A
- 塩…小さじ1
- こしょう…適量
- ローリエ…1枚

レモン汁(好みで)…適量

サワークリーム…100㎖

ディル(刻む)…適量

作り方

1. 鍋に鶏肉と水を入れ、火にかける。沸騰したら弱火にし、40～50分煮て、スープをとる。肉は取り出しておく。
2. 1.のスープにじゃがいもを入れ、10分ほど煮る。キャベツを加える。
3. フライパンにサラダ油を熱し、玉ねぎを入れてよく炒めたら、にんじんを加えてさらに炒め、黄金色になったら、トマト、にんにくを加えて、さっと炒める。
4. 3.とAを2.の鍋に加え、10～15分煮たら、火を止めてそのまま15分おく。好みでレモン汁を加える。
5. 1.の鶏肉をほぐし、器に入れる。4.のスープを注ぎ、サワークリームをのせ、ディルを散らす。

⇐
陶器の鍋があれば、オーブンに入れてじっくり煮込むのもあり。
また違った味わいに

LITHUANIA
【リトアニア】

素朴で暮らしになじむ道具

リトアニアは日本と同じ自然崇拝の国。国は違えど共通する文化だ。だからなのか、リトアニアのハンドクラフトは日本の暮らしにも自然と寄り添ってくれるのが魅力。

木工製品

オーク、菩提樹、楢、白樺など、さまざまな森の木で道具が作られている。きのこ形をしたくるみ割りや水草を敷きつめた鍋敷き。カッティングボードにカトラリーなど、小さな日用品から、装飾の凝った民芸品までいろいろな種類のものが作られている。

かご

農家の農閑期の収入源として、かごが作られていた。それは働く道具としてのかご。それとは別に、柳や白樺の皮など繊細な素材で作られた装飾が美しいかごもある。飾っておくのもいいが、黒パンをのせたらさらに素敵。使ってこその価値がある。

リネン

リトアニアに来てますます好きになったのがリネン。日本だとリネンは「よれよれ」というイメージだったが、リトアニアリネンは、丈夫でしなやかで、使い込むほどに味わいを増していく。それは生活の中にリネンがあるからだ。本物の暮らしの道具。受け継がれるべき伝統だと実感した。

田舎に行け

バルト3国の一番下のリトアニア。空気が澄んでいて、息を吸うのが気持ちいい。すがすがしさに満ちあふれている。疲れているときは、東京の空から、思いをはせるのはたいていリトアニア。森を散歩したり、きのこ狩りをしたことを思い出す。これって故郷を思う気持ちに似ている。いや、それとも少し違う。故郷より故郷。精神的な拠り所、魂を浄化してくれる場所なのかもしれない。

リトアニアは、国土の三分の一が森と湖でできている。正真正銘の自然豊かな国。そして、そこには自然を崇拝する人々がいる。リトアニアの人はとてもシャイ。とても控えめ。自分もそうだからすごくわかる。でも真の強さを感じるのだ。かつてリトアニアは何度となく領土を奪われ、リトアニアらしさを否定されてきた過去がある。キリスト教に改宗されても、人々の根底にあるのはアミニズム。それがアイデンティティー。だから、伝統工芸にはリトアニアが詰まっている気がするのだ。

リトアニアには、広い敷地にいろいろな時代の建物を移築した野外博物館がある。そこでは昔の人々の暮らしぶりを見ることができる。木工製品は、カトラリー、まな板、黒パンの生地をこねる器、家具、おもちゃ……さまざまな生活道具がある。森には木彫りの十字架。祈りが込められた芸術だ。木工製品は、おもに週末に開かれるマーケットやお祭りなど、イベントのときに見る(買う)ことができる。だから、リトアニアに行くなら、イベントをチェックしてから計画を立てることをおすすめする。

初めてリトアニアを訪れたとき、街のどこでもかごやら木工製品が買えるのかと思って来たのだが、伝統工芸品の店が少なく、拍子抜けしたことを思い出す。街の

01

01 伝統工芸を体験しに訪れた場所。森の中の家はおとぎの国に迷い込んだような気分

02

人に聞いたら、「田舎に行け」とか「田舎にある」と口を揃えて言う。初めはなんのことかわからなかったが、そういった現在ハンドクラフトと呼ばれる生活道具は、もともとは農家の人が農閑期に作って売っていた大事な収入源だったからだ。だから、マーケットのときに、それらを売りに街に出てくるというわけなのだ。「田舎に行け」って言われても……なんという地名なのか具体的なことは告げられず、ぶっきらぼうなところもリトアニアらしいのだ。

クラフトマーケットへ

それ以来、リトアニアに行くと必ず「田舎」に行っている。観光で訪れることは難しいかもしれない。まずは情報がない。交通手段が限られている。Googleマップにも出てこないことがある(道がない)。でもそんな場所に私たちの知らない暮らしやワクワクが待っている。リトアニアは秘境の宝庫。

リトアニアの夏の終わり。運よく、首都・ヴィリニュス滞在中にお祭りの開催日が重なった。広場にはたくさんのテントが出ていた(設営中からもうワクワクが止まらなかった)。当日は、皆、中世の時代のような衣装を身につけていて、まるで舞台を見にきているよう。衣装はリネン製。リトアニアは古くからのリネン産地であり、リネン製品は伝統工芸のひとつ。リネンはフラックス(亜麻)からとった繊維で、夏は熱を逃がし、冬は熱を保つ。通気性と保温性に優れている。野外民族博物館で見た食卓には、手織りの真っ白なリネンのテーブルクロスがかけられていた。テーブルまわりや寝具、衣類など、リネンは暮らしに欠かせないものだった。当時は高価なものだったので、母から娘へ大切に受け継がれるものだったそう。また、亜麻は

06

02 野外民族博物館にて。生活道具が収納された棚 03 食卓には真っ白なリネンのテーブルクロス。昔の家にはさまざまなしきたりもある 04 黒パンには模様を描いて 05 暖かなキャンドルの灯りに包まれた伝統的な食卓 06 お祭りのマーケットのかご屋さん

03

05

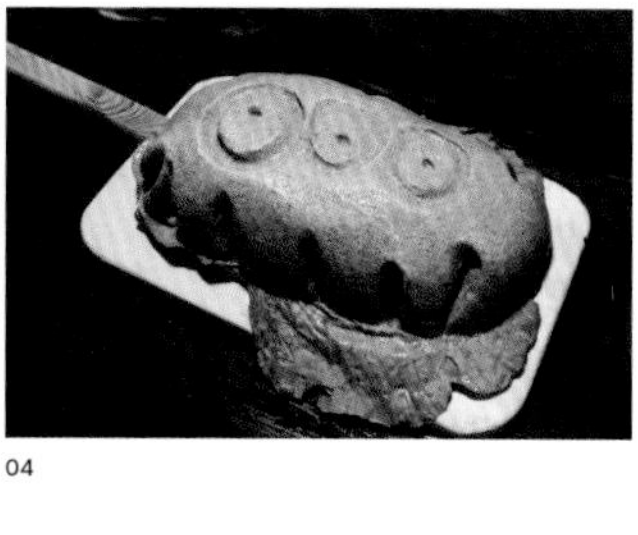

04

生地だけではなく、シードやオイルが食用となる。マーケットでは、ほかにも、伝統工芸のsodas〔ソダス〕と呼ばれる、ライ麦のストローを使った装飾もある。ソダスは、リトアニアでは家のお守りとして親しまれている。鳥や太陽など、自然をモチーフにした小さなものから、幾何学っぽいモチーフが組み合わさった大きなソダスもある。ソダスは、作り手によって表情が違うが、そこに込められた想いや願いは共通のものを感じる。我が家には、90歳のおばあさんが作った素朴で味のあるソダスがある(持って帰るのがひと苦労だった……)。

そして、毎回楽しみにしているのが木工製品だ。カトラリーやへら、カッティングボードなどいろいろあるが、私がとくに好きなのは、木彫りの器。リトアニアには縦長の器が多い。大きいものは、昔、黒パンの生地をこねるのに使われていたそう。手で彫り出されていて、縁取りには模様が彫られていて、なんともいえない温かみと、いつまでも眺めていたくなる美しさがある。それらがお手ごろ価格で手に入る。本当に欲がないというか、お金のためにやっていないのだ。リトアニアにはそんな、フォークアーティストがたくさんいる。

サマーハウスときのこ狩り

リトアニアの郊外には、森に隣接したサマーハウスがある。週末や夏の間ゆっくり過ごしたり、家庭菜園で野菜や果物を育てたりする。リトアニアでは中流家庭でもサマーハウスを持てるそうだ(うらやましい限り)。家の中には子ども部屋が当時のままあり、時が止まっているような、実家やおばあちゃんの家に遊びにきたような感覚。テラスのテーブルには、シャコティスというリトアニアのバウムクーヘンと、

07

08

09

10

07 水草を乾燥させて、叩いてかごを編んでいく。ハンドクラフトは手間と時間をかけて作り上げられる。手首につけているのは民族衣装のビーズの装飾が美しいリストウォーマー　08 手彫りの器たち。ひとつひとつ表情があって手の温もりを感じる

今は生産されていない陶器のカップにハーブティーが用意されていた。お手製のブランコや納屋のトイレの手動手洗い器。見るものすべてにほっこりしてしまう。

暗くて長い冬があるリトアニアでは、夏の日差しは大切で、外や森で過ごす時間が長い。芝生の上では裸足で過ごす人も。大地のエネルギーを感じて蓄えるそうだ。私も田舎で泊まったゲストハウスで、宿からサウナ小屋まで裸足で歩いた。自然と一体になった気分だった。

サマーハウスに来た目的はきのこ狩りをするため。リトアニアでは、すべての国民にきのこを採る権利があるのだとか。一方できのこ狩りはときに、危険を伴う。おいしそうな見た目やかわいい形のものに限って毒きのこだったりする。毎年それで死者が出るらしい。だから森に入るときは、知識を持った人と入らなければならない。それを聞いてちょっと怖気づくも、念願だったきのこ狩りを前に帰れない。何せ、きのこ狩りの時期は短く、その年の降水量で時期も変動するので、なかなかのピンポイント。きのこ狩りには、かごと小型ナイフを用意する。日本だとインテリア要素が強いかごがこちらでは道具なんだと実感した。ビニール袋は使わないのだ。それだけで気分は高まる。森に入ると絵本で見たようなきのこが生えている！　でも喜ぶのはまだ早い。食べられるきのこでも、中身は虫に食われていたりする。そこでナイフの登場。切って中の状態を確認し、虫に食われていなければかごに入れる。きのこ探しは知らぬ間に夢中になる。ここでまた注意。次は森で迷わないこと。確かに夢中になって森の奥に入ってしまいそう……。素人にはトラップが多いきのこ狩り。今回は、少なめの収穫だったが、またかごとナイフを持ってリベンジしにこよう。

09 テラスでのティータイムは太陽の日差しを浴びながら　10 サマーハウスの庭には、家庭菜園がある。わりと大きなハウスで野菜や果物、ハーブなどいろいろなものを育てている　11 伝統菓子シャコティスは、リトアニアのバウムクーヘン　12 念願のきのこ狩り。この日はアンズダケを採取。やっぱりきのこにはかごが似合う

11

12

ŠALTIBARŠČIAI【シャルティ・バルシチャイ】

冷たいボルシチ

リトアニアの国民的スープ。夏のスープといわれるが、最近では年中飲まれているそう。夏場にはケフィアがスーッと体を冷やす。具だくさんでつけ合わせにじゃがいもがつくのが定番なので、これだけでも十分な食事になりそう。

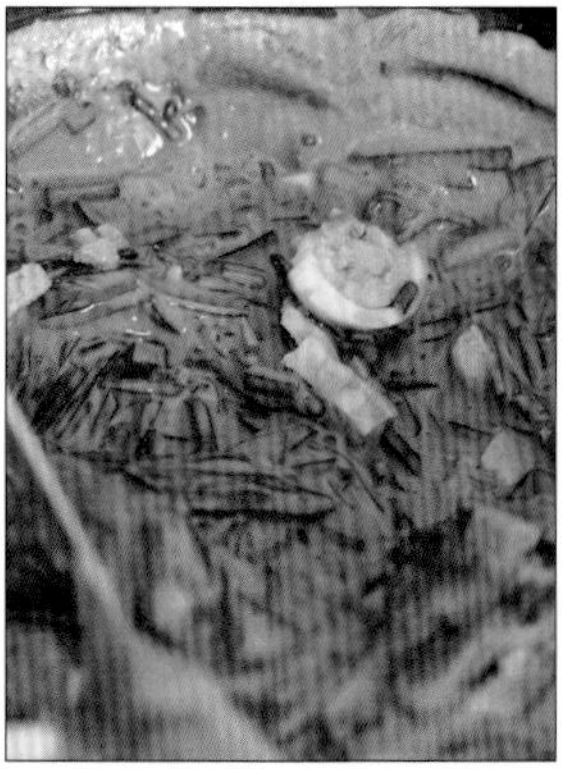

ビーツは、缶詰はおすすめしないが、真空パックのものが手に入ればそれで代用しても

材料(3〜4人分)

ビーツ…1個(300g)
りんごジュース(果汁100%)…150㎖
ディル(刻む)…1パック
小ねぎ(1㎝長さに切る)…6本 ＊飾り用に少し取っておく
きゅうり(せん切り)…1本
ゆで卵(刻む)…1個 ＊飾り用に少し取っておく

A
- ケフィア…4カップ
  ＊市販のものか、牛乳に市販のケフィア菌を入れて作る
- 塩、こしょう…各適量

〈つけ合わせ〉
ゆでたじゃがいも、黒パン…各適量

作り方

1. ビーツは皮つきのまま丸ごと、竹串がすーっと通るまでゆで、ゆで汁の中で冷ます。冷めたら皮をむき、せん切りにする。半量はりんごジュースに漬ける。
2. 大きなボウルにディルと小ねぎ、塩少々(分量外)を入れ、手で揉んで香りを出したら、1.ときゅうり、ゆで卵、Aを加えて混ぜ、冷蔵庫で冷やす。
3. 2.を器に盛り、残しておいたゆで卵をのせ、小ねぎを散らす。じゃがいも、黒パンを添える。

SPAIN
【スペイン】

ラテンの風合いとイスラムの色合いが交わる道具

土っぽい素朴な風合いのテラコッタに
色鮮やかな絵柄。
大雑把で陽気なスペインの道具は
食卓を楽しくしてくれる。

テラコッタのボウル

スペインの陶器は、イスラムから伝わったもの。タイルにも見られるように、素朴な風合いに色鮮やかな絵柄が特徴。でも、日常使いにはもっとシンプルなものがいい。そんなとき見つけたのが、マーブル模様の素焼きのボウルだ。調理にも、器としても使える。色と柄が食卓を元気にしてくれる。

カスエラ&焼きごて

カスエラは、鍋としても器としても使える、働く道具のスペイン代表だ。日本でも、カスエラ＝アヒージョ、というイメージかもしれない。その中でも変わり種は、クレーム・ブリュレの原型といわれるスペインの伝統菓子、クレマ・カタラナ用のカスエラと焼きごて。砂糖をキャラメルにするときに熱々の焼きごてを使う。原始的だがこれが一番いい。持ってなくても困りはしないが、本物には理由がある。

カタルーニャの日

初めてのスペインは、フランス・マルセイユ経由だった。マルセイユは私の大好きな旅先のひとつ。初めて行く所には、行き慣れている場所をくっつけて計画することにしている(失敗が怖いので)。

マルセイユを発つ当日、運悪く(運よく⁉)、ストがあって飛行機が飛ばす、バルセロナ行きが1日延びてしまった。翌日は予定通り飛び立ち、バルセロナに到着した。空港からバスに乗って市内へ。街の様子がおかしいことに気がついた。お祭りっぽい雰囲気とカタルーニャの旗をまとった人が街を練り歩いている。何かのお祝いか、デモなのか、はたまた、サッカーの何かなのか……。ホテルに荷物を置いたら早速、腹ごしらえを兼ねて街を散策しよう。「バルセロナの台所」、サン・ジョセップ市場でつまみ食いをしたり、ウサギのパエリアを食べたり(濃厚でボリューミー)、かけ足で回った。ちなみにパエリアは、スペインではしょっちゅう食べるものではないらしい。休日の昼ごはんに食べるのだそう。スペインでは昼食が一日のメインの食事になる。モロッコと同じ習慣だ。散策の続きに戻る。実は、スペインでは雑貨や道具関係についてはさほど期待していなかった。時間もないので探せないだろうなという諦めもあったのかもしれない。ところが、どっこい。マーケットらしきものを発見。テントの集団に吸い込まれるように向かった。やはり、今日は何かのお祭りなんだろうか。思った通り、マーケットだった。なおかつ、ちょっとローカルっぽい雰囲気が漂う感じ。ラッキー！　やっぱり、モノを引き寄せる運命なんだろうか。

01

02

01 カタルーニャの日は、通りを歩く人たちが皆、思い思いに旗をまとっていた。ワンちゃんまでも　02 市場のハモンセラーノ。すごい迫力。でもおいしそう

03

04

まず目に飛び込んできたのは、cazuela〔カスエラ〕。カスエラはスペインの伝統的な器のひとつで、スペイン語で鍋や鍋料理のこと。素焼きで、赤茶色の鍋や器だ。カスエラは大きさもいろいろあって、料理からデザートまで幅広く使われる。直火にかけられ、保温性もあり、そのまま食卓へ出すこともできるので多くのバルやレストランで使われている。マーケットではほかにも、マーブル模様の陶器のボウル（プロヴァンスのものに似ている）、アイオリ（にんにくマヨネーズ）を作るすり鉢もあった。スペイン人は大のマヨネーズ好き。タパスには欠かせない。素焼きのタジンもあった。そうこうするうちに、夕方から、あちこちの店のシャッターが降り、どんどん店じまいしていくではないか！　あとでわかったのだが、その日はDiada〔ディアダ〕というカタルーニャの祝祭日だった。

蓋の上のつまみ

あわただしかったバルセロナをあとにし、目的地のグラナダにやってきた。バルセロナとは違い、急に街は哀愁を帯びた感じになった。土産物屋さんにはフラメンコグッズが勢揃い。アンダルシアといえば、フラメンコ。フラメンコといえば、定番の黒地に赤のドット。そのドットの生地で作られたフラメンコの衣装風のフリルがついたエプロンがたくさんある。おそらく、売れ筋商品に違いない。水色×白、赤×白、色のバリエーションも豊富にある。土産物屋さんには意外にも掘り出し物があったりするので、まずはリサーチ。ちなみに、カスエラに野菜入りのトマトソースを入れ、卵をのせてグツグツ煮た「フラメンカエッグ」という料理がある。これは、フラメンコの衣装のような鮮やかな見た目からその名がつけられたとか。

05

06

03マーブル模様の乳鉢。スペイン人はアイオリ（にんにくマヨネーズ）が大好き 04マーケットには、積み上げられたカスエラ 05レストランでもカスエラは大活躍。絵になる 06デザートに使えば、素朴で家庭的な雰囲気を演出してくれる

夕方から、散歩がてらまずはバル巡り。バルとは、BARと書いてスペイン語では「バル」と読む。バルはスペイン人にとってとても重要な場所だという。朝はコーヒーを飲み、昼はランチやお茶、そして仕事帰りの一杯を楽しむ場所。誰もがふらっと立ち寄れる庶民の場所がバル。スペインの生活の一部になっている。もちろん、値段もお手ごろだ。そのバルで使われているのが、カスエラや白い小皿、揚げ物などをのせるステンレスの器やハモン（ハム）をのせる木製の器。一切の無駄を省いたシンプルなフォルムは、料理を主役に際立たせる名脇役。忙しいバルで働く道具だ。盛り付けもシンプル。だけどどれもおいしそうに見える。その小皿料理のことをtapas（タパス）という。タパスの「タパ」は、もともとは「蓋」という意味で、シェリーが入ったグラスに虫が入らないようにパンで蓋をしながら飲んでいたのが、いつの間にかそのパンの上にハムなどのつまみをのせて食べるようになり、それが転じて小皿料理を指すようになったのだとか。タパスはアンダルシアが発祥といわれている。入ったバルでは、隣の人がつまみを分けてくれたり、気軽に話しかけてくれたりする。店の床はゴミだらけ（おいしい店はゴミがたくさん落ちている！）。お会計は、先に払う人もいれば、あとから自己申告の人もいる。とりあえず、ざっくばらんな雰囲気で、ローカル度満点。ユニークな風習のバルで、グラナダの夜を楽しんだ。

文化の交差点

グラナダは迷路のような路地が多い。これはイスラム王朝があった時代の名残。この異国情緒たっぷりのアルバイシン地区は、スペインの世界遺産。石畳の坂道、アラブ街と呼ばれる路地にはモロッコ風のカフェ「テテリア」や、モロッコの雑貨

07

08

09

07 バルではシェリーやティント・デ・ベラーノ（ワインのサイダー割り）も定番 08 小魚のフリットはレモンをギュッと搾って 09 トルティーヤとスペイン版ししとう・パドロン。辛ければ当たり

10

の店もあり、モロッコに迷い込んだような気分になる。

泊まっていたホテルから毎日通る道に、かごと家具の店があった。朝、通っても、昼に通っても、夕方に通っても開いていない。ガラス越しに店内を眺めると、天井からたくさんのかごが下がっていた。土産物店というよりは、専門店っぽい趣でローカルな雰囲気が漂い、ますます気になる。この旅では、今のところあまり雑貨を買っていなかったので、ぜひかごを持ち帰りたい！と期待が高まっていた。その日も（相変わらず）閉まっているあの店を横目に、世界遺産のアルハンブラ宮殿に向かう。途中、白壁の建物が続く。土産物店もあり、退屈しない。中には、寄木細工の工房もあった。Taracea〔タラセア〕はグラナダの伝統工芸で、中世アラビア人によって伝えられた。木材のほか、貝、鉱物などの材料を薄く切り、寄木細工で組み合わせ、幾何学模様が作り出されている。小さなものだとコースターや蓋つきの箱があった。寄木細工といえば、箱根を思い出すが、スペインから来た宣教師によって伝えられたという説があるのだとか。タラセアは、実際にアルハンブラ宮殿の装飾に使われていた。寄木細工が、イスラムのモチーフを作り出していたなんて知らなかった。

宮殿をあとに、夜はいよいよフラメンコ。グラナダはフラメンコ発祥の地といわれ、「タブラオ」は、食事をしながらフラメンコを楽しめる酒場。私たちが行ったのは洞窟タブラオ。グラナダの街を見下ろすサクロモンテ（聖なる山の意）の丘に洞窟住居がある。昔ここにはジプシーが暮らしていた。そのジプシーが生み出したのがフラメンコ。真っ白な洞窟には独特な色使いの装飾。天井や壁に銅製の鍋や調理道具が下げられていたのが印象的（真似しようかな）。その踊りと演奏に魅了されたのはいうまでもない。翌日、出発前に最後の望みをかけてあの店に向かった。奇跡は起きたのだった！

10 モロッコ風のカフェをテテリアと呼ぶ。モロッコとスペインが融合した独特な世界観 11 モロッコ雑貨も揃う 12 遠くに見えるアルハンブラ宮殿はアラブ建築の技術が集約

11

13

13 フラメンコ人形。鮮やかな色と、ドレスのひだがかわいい 14 フラメンコ小屋風のバル。天井から無数の鍋が吊り下げられている。見ているだけでも楽しい

14

12

PATATAS A LA RIOJANA【パタタス・ア・ラ・リオハナ】

リオハ風煮込み

じゃがいもとチョリソのリオハ風煮込み。

スモークパプリカが効いたパンチのある味わい。

リオハ風という料理名のほか、patatas con chorizo〔パタタス・コン・チョリソ〕ともいわれる。

スペイン産のチョリソは、にんにくとスモークパプリカが効いた伝統的なサラミ

材料(2〜3人分)

オリーブオイル…大さじ 2
玉ねぎ(みじん切り)…1/2個
にんにく(みじん切り)…3かけ
チョリソ(1cmの輪切り)…150〜200g
じゃがいも(2.5cm角に切る)…2〜3個
水…2カップ
A
- パプリカパウダー…大さじ1
- 塩…小さじ1
- ローリエ…1枚

塩、こしょう…各適量
イタリアンパセリ(刻む)…適量

作り方

1. 深めのカスエラ(または鍋)にオリーブオイルを入れ、火にかける。
2. 1.に玉ねぎを加え、かき混ぜながら、色がつくまで炒める。
3. にんにくを加えて混ぜ、香りが立ったら、チョリソを入れ、焦げ目がつくまで2分ほど炒める。
4. 3.にじゃがいもを入れ、ときどき混ぜながら、端が金色になるまで10分ほど炒めたら、水を注ぎ、Aを入れる。
5. 沸騰したら弱火にし、じゃがいもがやわらかくなり、水が半分ほどに減って濃厚なシチューになるまで、20分ほど煮る。
6. 塩、こしょうで味を調え、イタリアンパセリを散らす。

CREMA CATALANA【クレマ・カタラナ】

カタルーニャ風クリーム

フランスのクレーム・ブリュレの起源ともいわれる、スペインのカタルーニャ地方のデザート。

ブリュレとの違いは、オーブンで湯煎せず、カスタードクリームを使うこと。

パリパリのカラメルは、昔はよく熱したサラマンドラという鉄製の火ごてを使って作っていた。

仕上げのキャラメリゼは、食べる直前にグラニュー糖をふりかけ、焼きごてで焦がす

材料（直径10㎝のカスエラ4個分）

牛乳…500㎖

A
- レモンの皮（薄切り）…1/3個分
- オレンジの皮（薄切り）…1/2個分
- シナモンスティック…1/2本

グラニュー糖…90g

コーンスターチ…20g

卵黄…5個分

〈仕上げ用〉

グラニュー糖…適量

作り方

1. 鍋に牛乳とAを入れ沸騰寸前まで火にかけたら、火からおろし、10分ほどおく。
2. ボウルにグラニュー糖、コーンスターチ、卵黄を入れ、泡立て器で白くもったりとするまで攪拌する。
3. 2.を1.に加えて混ぜる。こし器でこし、鍋に移して、弱火にかける。
4. 泡立て器で絶えず混ぜながら、もったりとするまで加熱する。
5. 4.をこし器でこし、粗熱が取れたら、カスエラに入れ、冷蔵庫でよく冷やす。
6. 食べる直前に仕上げをする。5.の表面を覆うようにグラニュー糖をかけ、焼きごて（バーナーでよい）で表面を焼きつける。
7. 再度グラニュー糖を全体にふりかけ、今度はしっかりと焼き色をつける。

FRANCE
【フランス】

南仏の太陽と祈りの道具

地中海のめぐみと
ハーブや香辛料を使うアラブの文化。
山間部に行けば、牛の放牧風景。
オリーブオイルとにんにくが結ぶ
料理と道具。

プロヴァンスの器

マルセイユで見つけたカラフルな器たち。これは、プロヴァンスの伝統的な器を現代風にアレンジしたブランドのもの。ぽってりとしたフォルムと南仏の色合いが、食卓で大活躍。

にんにくすりおろし器

オリーブオイルと並ぶ、プロヴァンスや南西部の代表食材がにんにく。料理に多用される。南仏名産のにんにくは、「アイユ・ローズ」＝バラ色のにんにくといわれ、南仏出身の画家・ロートレックも愛したといわれる。淡いピンク色の皮で、辛味が少なく旨味が強い。すりおろし器は料理好きなロートレックも使っていたかもしれない。

ナイフ

ナイフはフランス南西部が有名な製造地。南西部の料理は、南仏の食文化を残しつつ、そこに乳製品や肉の文化が加わる。＊シャルキュトリーはその代表。食べれば、牛や羊、やぎなどの放牧風景が目に浮かぶ。ナイフは、もともとは羊（牛）飼いたちが山に入るときに護身用に身につけていたといわれている。

＊シャルキュトリー⇒ハム、ソーセージ、パテなどの食肉加工品

フランスの伝統

フランスの調理道具といえば、LE CREUSET〔ル・クルーゼ〕やSTAUB〔ストウブ〕に代表される鋳物の鍋。昔はちょっとした憧れだった。最近はすっかり出番が少なくなってしまったが……。だんだん、作る料理も変わってきたし、基本、ふたり暮らしなので、時間をかけて、ある程度の量を仕込むような煮込み料理を作らなくなった。調理道具というのは、やはり、その国の食文化によって違うというのを実感する。とはいえ、フランスに調理道具を見に行くのが大好きなのは変わらない。業務用を扱う専門店や、蚤の市、ブロカント〔古道具市〕など。そこでも文化の違いを感じる。当たり前だけどその代表が「カトラリー」。

フランスはフォークとナイフの国だ。フランス人の友人宅に行ったときも、夕食のテーブルにセッティングしてあったし、食後のフルーツは丸ごとのりんごや桃と一緒に小型のナイフが添えられていた。チーズもそう。セルフサービスということだ。なかなかおもしろい。よく考えると、テーブルナイフ、バターナイフ、パンナイフ、チーズナイフ、ソムリエナイフ……いろんな種類がある。そういえば、自分も旅行のときは、いつも折り畳み式の小型ナイフを持参している。市場で買ったフルーツをホテルで食べたいからだ。

それから、フランス南西部を訪れる機会があった。当時はミディピレネー、現在はオクシタニーと呼ばれる地方だ。スペインにも近く、世界遺産に登録されている、サンティアゴ・デ・コンポステーラへの巡礼路が通る地域だ。このあたり、ピレネー山脈の山間は、人より牛の数が多く、牛の放牧風景と遠くに響き渡るカウベルが、

01

02

03

04

01牛の放牧風景。牛飼いの女性のそばのひときわ大きな牛がオーブラック牛。ここは、人より牛の数が多い　02牛飼いの女性と子牛（乳牛）03大きなハエ取り紙。いい環境の所にはハエがたくさん来るらしい　04お土産もやっぱり、オーブラック牛

ハイジのアニメの中（しかもリアル）にいるみたいな所だ。本物の牛飼いもいる。中には女性も。すごくかっこよくて、牛飼いの杖が欲しくなったくらいだ。その村のひとつに、Laguiole〔ライヨール〕村がある。日本では、「ラギオール」でおなじみだが、フランス南西部では「ライヨール」と発音する。そう、ここはナイフの村。鋳物にせよ、ナイフにしろ、フランスの道具には、長い歴史と伝統と職人技が欠かせない。

羊飼いのナイフ

ライヨール村はナイフも有名だが、世界的な三つ星シェフ、ミシェル・ブラス氏のお膝元。でもそんな風に見えないのどかで小さな村。村の広場には名物の大きなオーブラック牛の銅像がある。土産物店には、オーブラック牛の絵のカフェオレボウルやキーホルダー。そしてナイフ。よく見るとcoutellerie〔クトゥルリー〕と呼ばれるナイフ店が点在する。クトゥルリーを横目に、まずは、ランチ。ミシェル・ブラスさんの店へ……繰り出したかったが、氏の元で10年働いていたシェフの店へ。カジュアルなフレンチの店だ。テーブルには、ライヨールのナイフがセッティングされていた。お客は私たち以外に、地元のお年寄りたち。もしかして家庭的な料理なのかな？と思いきや、出てきたのは、洗練された盛り付けの品々。味も重たくなく軽い。そしておいしい！ ものすごいレベルの高さ。ナイフは切れるし、肉もセップ茸も、つけ合わせも全部最高！ こんな店が近所にあったらいいのに（値段もお手ごろなのだ！）。ライヨール村、見かけによらず、すごいぞ。

ここライヨールにはナイフのアトリエがある。のどかな村の外れに突如、近代的な建物が現れる。それがフォルジュ・ドゥ・ライヨール（ライヨール鍛冶所）。デザインは、

05

06

07

05 小さな村だけど、ナイフ屋さんも多い 06 レストランに来ていた地元のおじいさん 07 すべての工程をひとりの鍛冶職人が担当する

フランスを代表するデザイナー、フィリップ・スタルク。早速、ナイフ作りを見学に行った。建物に入ると、ショーケースには、さまざまなデザインのナイフがある。どれも高級品。ミシェル・ブラス氏とコラボしたナイフもあった。やはり本物は高いものなのだなと。ライヨールのナイフは、もともとは羊飼いが山に入るときに腰に下げて持っていったもので、ふたつ折りが本来の形。ソムリエナイフなどは、昔はなかったそうだ。それから、ナイフの柄の中心に、逆さまに十字架の形に鋲が打たれている。これは、山の中でナイフを地面に刺してそれを十字架に見立ててお祈りをするためのものだった。今でも残っている特徴のひとつだ。

また、ライヨールといえば、蜂の飾りが印象的だが、あの部分は、昔は職業を表していたという。蜂だとされているのは、実は、「ハエ」で（ハエだと言われれば、確かに見える）、ハエを象徴する職業は牛飼いだという説もある。この旅で牛舎にも行ったが、確かにすごく大きなハエ取り紙を目撃したので、それも納得。しかも、ハエのモチーフは、テーブルクロスの柄にもなっていてこのあたりでは定番らしい。道具というのは、生活から生み出されるものなんだなと実感した。

本物を探せ！

長年の疑問がある。ライヨールの名前がついたナイフやカトラリーは、フランスでも日本でもいろいろ売られている。値段はピンキリだ。フォルジュ・ドゥ・ライヨールで見たのは明らかに高級感が漂っていた。本物を見ちゃうとほかのものはすべて偽物に感じてしまうくらいだ。一体その定義ってどうなっているんだろう？その謎がここにきて解き明かされる。ライヨールのナイフは各地に広がり、やがて

08

09

10

08 フィリップ・スタルクデザインの建物。ナイフが突き出てる！ 09 政府よりEPV（無形文化財企業）に登録されている唯一のブランド 10 ロックフォールチーズのタルトとハエの柄のテーブルクロス

パリで人気が出ると、その名にあやかろうと、別の地域で作られたにもかかわらず、ラギオール（北部の呼び方）を名乗るものがいくつも現れる。しかし、ライヨールは村の名前で商標ではないため、今でも複数のブランドが存在するというわけだ。だから、どれも本物といえば本物。品質の違いはある。村の土産物店のナイフを見てみよう。ここには刻印がないものもたくさんある。しかし、刃の部分はライヨール製。おそらくこれが要なのかもしれない。いろいろと知識を得てからというもの、ナイフを選ぶ目が変わった。ライヨール滞在中に自分にぴったりの1本を見つけたいと思った。

ずいぶんナイフや牛の話を綴ってきたが、ここでおいしいお話を。オクシタニー地方は、酪農が盛んなのでシャルキュトリー（肉の加工品）が伝統的に作られている。肉を無駄にせず、食べ切るための方法。どこのレストランへ行っても前菜で出てくる。もちろん、ワインにもぴったり。チーズもおいしい。世界3大青カビチーズのロックフォールや、ナッツのような風味のコンテもある。そして、ライヨールの名物は、なんといってもAligot〔アリゴ〕。わかりやすく説明すると、のび〜るチーズフォンデュ。ゆでたじゃがいもを潰し、トム・フレッシュというチーズ（作られてから1〜2日以内のもの）を入れて加熱した料理で、温まるとチーズが溶けてリボン状にのびる、エンタメ性強めの郷土料理だ。肉やソーセージに添えて食べられる。きっと山道を歩く巡礼者にとっては、温かく、おなかを満たしてくれる一皿だろう。そうでなければ爆弾的料理（笑）。ほかのものが食べられなくなる！　いずれも、おいしい料理のそばにはナイフがある。そんな食卓を想像するだけで、ナイフがますます好きになった。

11
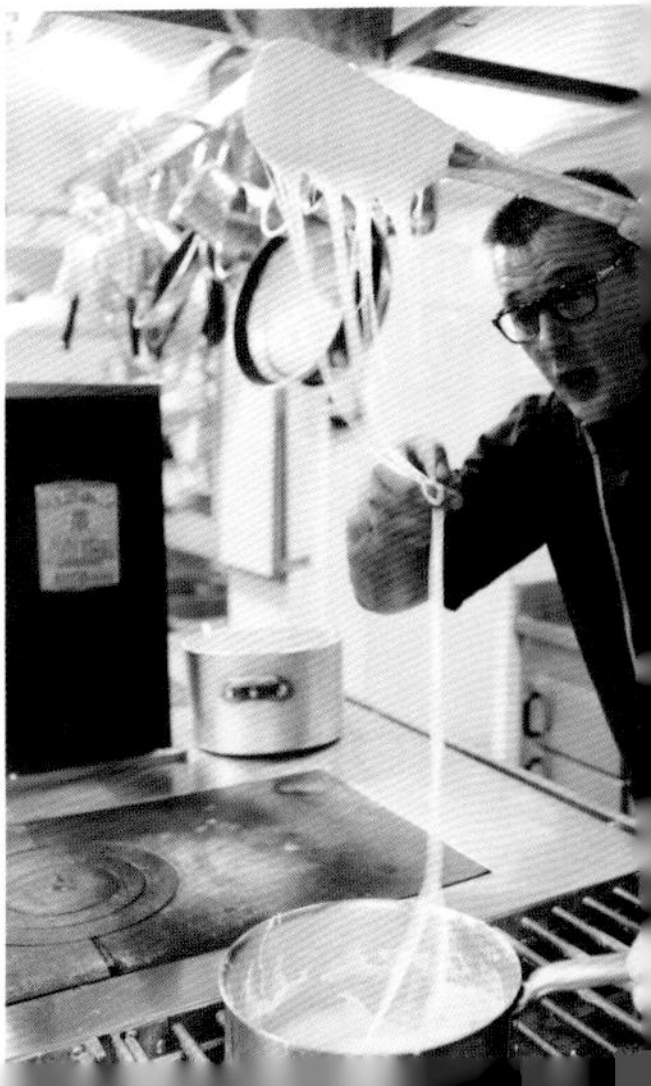

12

13

14

15

11 リボン状にのびるアリゴ　12 地元名物のシュー・ファルシ　13 南西部はエスペレット唐辛子をよく使う　14 トゥールーズのカスレに必ず入る、生ソーセージ　15 入荷したてのうさぎ

ALIGOT【アリゴ】

チーズ入りマッシュポテト

フランス南西部のオーブラック地方の郷土料理。

本来は、tome fraîche（トム・フレッシュ）という熟成前のチーズを使う。

大鍋で作られ、力がいる料理。リボン状にのびるのが特徴。

肉やソーセージと一緒に食べられる。

材料（2～3人分）
じゃがいも（皮をむく）…4個
チーズ（コンテ、モッツァレラ、ピザ用チーズ）…合わせて300g
生クリーム…100mℓ
にんにく（みじん切り）…1かけ
バター…30g
塩…適量

〈つけ合わせ〉

ソーセージ…3本

作り方

1. 鍋にたっぷりの水とにんにく1かけ（分量外）、塩小さじ1（分量外）、じゃがいもを入れ、じゃがいもがやわらかくなるまで20分ほどゆでる。チーズはすぐ溶けるように小さく切る。

2. じゃがいもがゆで上がったら、湯をきってボウルに入れ、潰す。鍋に入れて、チーズ、生クリーム、にんにくを加え、火にかけて混ぜながら加熱する。

3. チーズが溶けて、粘りが出るまでしっかりと混ぜる。へらを高く持ち上げ、生地が餅のようにのびるようになったら、仕上げにバター、塩を加えて味を調える。

4. 器に焼いたソーセージを盛り、3.を添え、温かいうちにいただく。

⇐
アリゴは、冷えるとチーズが固まってしまうので
温め直して熱々を

COLUMN 02【ヨーロッパの市場】

朝の市場

ジョージアの首都・トビリシのローカル市場には、
季節の果物と野菜が並ぶ。
ぶどう果汁と小麦粉を煮詰めて作る、
くるみの入ったチュルチュヘラ。
大きなトゥクラピはシートになった果汁。
神様が残しておいた、とっておきの土地といわれる
ジョージアは、農作物が豊かな美食の国。

BILGIN

VIETNAM

【ベトナム】

路上からフレンチベトナムまでこなす道具

私が愛してやまない
路上ごはんの文化と
フランス統治時代の名残の食文化。
さまざまな料理があるベトナムは
道具も使い方も多様な国。

アルミの小さなフライパン

ベトナムの路上の屋台でよく見かける、アルミのフライパンや、ままごとサイズの中華鍋。加熱するとすぐに熱くなってしまうが、意外に使いやすい。市場に行けば山のように売られている。ベトナムのスタンダード。

プラスチック皿

こちらも路上屋台の定番の皿。割れないし、皿の柄や色に料理が映える。陶器の器にはないアジアならではのキッチュさがある。しかしプラスチックがよくないとされるご時世。もしかしたら、これもなくなってしまう日がくるかもしれない。でもこれもひとつの文化として残ってほしいと思うのは私だけ？

ペッパー（コーヒー）ミル

コーヒー豆の栽培もこしょうの栽培も、フランス統治時代にフランス人からもたらされたもの。今ではベトナムを代表する農産物。コーヒーミルももともとはベトナムにはなかったものだろう。なぜかベトナムでは、コーヒーミルもペッパーミルもごっちゃになっている。私はペッパーミルとして使っている。

路上の名品

　私の中でベトナムは道具大国と位置づけられている！　フランスなんかは、長い伝統がある道具も多く、代々受け継がれるようなものも少なくない。なので、気軽に手に入れられなかったりする。ベトナムはどうだろう。一番わかりやすいのは路上の屋台だ。もはや屋台とは呼べない、ほとんど身ひとつだ（笑）。最小限の道具で、なおかつ軽くてコンパクトに持ち運べる。すぐに移動できて、どこでも営業できる。そんな屋台で使われている道具に、毎度のことながら興味津々。屋台では、どんな道具をどう使っているのか観察しなければならない。でも、長いことジロジロと見るわけにはいかないので、料理を注文する前後と調理中のわずかな時間が勝負だ。お客のフリをしながら、目だけは真剣におばさんの技を盗もうとしている（もちろん敬意を払って）。それを見て、市場や問屋街で答え合わせをするようにブツを探すのが、ベトナム旅行のルーティンになっている。

　縦に長いベトナムは、食のバラエティーも幅広く、中国の影響が大きい北部や、甘め味つけの南部・中部の宮廷料理に、フレンチベトナムといわれるフランスの統治時代の名残の料理など、地域性と歴史が織りなすさまざまな料理が存在する。そのため必然的に道具の種類も多い。路上屋台の定番道具は、小さなアルミの中華鍋風フライパン。中華鍋の特性を生かしたフォルムに、アルミの軽量さで持ち運びに便利。大きさも選べる。おままごとの道具のようなかわいらしさがベトナムっぽい。日本では、絶対にないクオリティ。朝の路上では、このフライパンでおばさんがさっとオムレツを作ってパンに挟んでくれる。これが素朴でおいしい、大好きなオ

01

02

ムレッツのバイン・ミー。朝からほっこりさせてくれる。このフライパンとあわせて使いたいのが、アルミのフライ返し。へらの部分が小さめで小回りが利き、案外使いやすい。我が家でも大活躍。これで炒めると食材がおいしそうにフライパンの中で弾む。へらひとつでこんなに料理って違うのかって。こう見えて、路上の実践で鍛えられてきた道具なのかもしれない。まだまだ路上の名品探しは続きそう。

市場で捜索

ベトナムで調理道具を探すには、市場が中心になる。市場によっても違うが、食料品を扱うエリアとは別に、衣料品や日用品、調理道具のエリアがだいたいある。市場は、場所によって規模は違えど、物や人でごった返していて「密」という言葉がぴったりくる。ときどき、商品に交じっておばさんが昼寝をしている。言葉にすると普通だが、商品の中で、ありえない隙間や場所で堂々と横になって寝ているのだ！　初めて目にしたときは衝撃が走った（笑）。一瞬、何かわからなくて、目が釘付けだった。その後は、おもしろすぎて世界中の人にこの衝撃を教えたくなった。

それはさておき、なので市場では、ゆっくり、じっくり、モノを探すことはできない。狭い通路をいろいろよけながら、上から下、右、左とビームのような眼差しで捜索しながら進む。しばしばお目当ての品が目に飛び込んでくる。そこで立ち止まるか、先に進むかは、そのときの「カン」次第。ある程度進むと、そのエリアの区切りに達し、そうしたら、同じ通路を折り返す。すると、同じ通りがまた違った景色に見えてくる。同じような商品構成の店も、雰囲気がよさそうとか、掘り出し物がありそうとかいろいろ見えてくるから不思議。どの店の人にも共通しているのは、

04 03

みんなやさしくておだやか。押し売りもしてこないし、自分の店に商品がないときは、ほかの店を紹介してくれたりする。ときどき、細くて狭い通路を通って、倉庫のようなバックヤードに連れて行ってくれる人もいる。それはそれで、探検っぽくてワクワクする。いずれにせよ、ぼったくることもないし、自分もおだやかな気持ちになる。買うものが決まったら、レシートの代わりに、手書きで商品と金額を書いて渡してくれる。その紙がおそらく、子どもの学校のノートか何かで。計算が書いてあったり、字を練習したりしたものが書かれている。その裏紙に書いてくれるのだ。それが、なんともかわいらしくて、毎回捨てられない。

　買い物に疲れたら、屋台が並ぶエリアに移動して、日本にはない南国のフルーツのジュースを飲んでみたり、軽食を食べたりして、次の探検のためにエネルギーをチャージする。駄菓子屋さんに来たようなレトロ感と、宝探しに来たような感覚が味わえるのがベトナムの市場だ。

フレンチベトナム

　初めのほうでも書いたように、ベトナムは歴史的に統治されていた時代の文化が今でも残っていて、とくにフランス統治時代の影響は、現在のベトナムのイメージに強い影響をもたらしている。キッチン道具ひとつとってもそうだ。私がキッチンで愛用している、四角いペッパーミルもそのひとつ。ペッパーミル兼コーヒーミルと言ったほうが正しいかもしれない。私が持っているのは、プジョー（ペッパーミルで有名なフランスのブランド）のマークに似たライオン？？のマーク入り。ちょっとインチキくさいところも愛嬌があってお気に入り。ガリガリと少し粗めに挽けるので、

01 路上のバイン・ミー屋さん。みんなバイクで買いに来る 02 ライスペーパーがお好み焼きに！ 03 おこわ屋さん 04 売り物ではありません 05 市場の中は暗くて熱気ムンムン 06 路上の朝ごはん風景 07 ベトナムのカフェのテーブルと椅子は床に近い 08 屋台のテーブル。置いているものすべてフォトジェニック

06

05

08

07

薬味のようにこしょうを使うのにぴったり。よく作るのが、Muoi Tieu Chanh〔ムオイ・ティエウ・チャン〕、ライムこしょう塩。ベトナムではポピュラーな調味料で、ひと昔前はベトナム土産の定番だった。麺料理、鍋、肉、魚などなんにでも合い、味変にももってこいの味。ガリガリしたこしょうに塩とライムを搾るだけで簡単なのもいい。

今では、こしょうの産地としても有名なベトナムだが、統治時代当時は、今のように飛行機ですぐに母国に帰ることができなかったフランス人たちが、ベトナムになかった洋野菜や香辛料を栽培するようになったのがはじまりだった。現在、こしょうはベトナムを代表する農作物のひとつになっている。

同様に、フランス人たちはコーヒー文化もベトナムにもたらした。街のあちらこちらにあるカフェ。コーヒーチェーンの店や、低い椅子とテーブルのベトナムスタイルの店など、いろいろある。私が好きなのは、もちろん後者のほう。ベトナム語でコーヒーは、フランス語と同じようにcà phê〔カフェ〕と呼ぶ。cà phê phin〔カフェフィン〕という、チープなアルミ製やステンレス製のコーヒーフィルターを使って抽出する。耐熱のグラスやカップの上に直接のせて出される。ベトナムコーヒーは苦味が強いので、cà phê sữa〔カフェ・スア〕と呼ばれる、コンデンスミルク入りの甘いコーヒーが一般的。昔は、新鮮な牛乳が手に入らなかったので、代用品としてコンデンスミルクが使われるようになったとか。フィルターからぽたぽた落ちるコーヒーを眺める時間も心地いい。チェイサーには蓮茶が添えられる。ベトナム人の、入ってきた文化を受け入れ、独自のスタイルにしてしまうセンスには、いつも驚かされる。

12

10

11

09

09 コンデンスミルクを加えたコーヒーには蓮茶が添えられる 10 ビフテキはベトナムでは朝から食べる 11 ベトナムのビーフシチューはバイン・ミー（バゲット）か米麺と食べる 12 シウマイ(ミートボール)のバイン・ミー。道具がいちいちかわいい

BÁNH MÌ TRỨNG ỐP LẾT【バイン・ミー・チュン・オプ・ラ】

オムレツのバイン・ミー／ベトナム風サンドイッチ

フランス統治時代の影響が残る、ベトナム独自のサンドイッチ。
朝の路上でその場で作ってくれるシンプルなバイン・ミーが一番おいしい。

材料(2人分)

卵…2個
塩…少々
バター(またはマーガリン)…適量
フランスパン…1本 ＊スーパーなどで売っているやわらかいもの
マーガリン…適量
きゅうりの薄切り…6枚
トマトの薄切り…6枚
ベトナムなます…適量 ＊下記参照
香菜…適量
チリソースまたはシーズニングソース…適量(好みで)

作り方

1. ボウルに卵と塩を入れ、溶きほぐす。
2. 小さめのフライパンにバターを溶かし、1.の卵液を流し入れ、混ぜながらふんわりと焼く。
3. フランスパンを半分(大きさによっては3等分)に切ってトースターで温め、横から切り目を入れる。
4. 3.にマーガリンを塗り、半分に切ったオムレツ、きゅうり、トマト、ベトナムなます、香菜の順に挟む。好みでチリソースやシーズニングソースをかけていただく。

ベトナムなます

材料(作りやすい分量)

大根(せん切り)…6㎝(150g)
にんじん(せん切り)…1/3本
A 酢…大さじ3
A 砂糖…大さじ1
A 塩…小さじ1/2

作り方

1. ボウルに大根、にんじんを入れ、砂糖大さじ1/2(分量外)をまぶし、水分が出てきたら軽く絞る。
2. 1.に混ぜたAを加えてよく和え、なじんだら出来上がり。

⇐
シンプルな味なので、
チリソースやシーズニングソースをかけるとベトナムの味に近づく

TAIWAN
【台湾】

お母さんの知恵が詰まった道具

台湾はどこか懐かしい、という共感。ノスタルジーを感じるところと、半面、全然理解できない側面もある。日本人にはない自由な発想も。道具の使い方にもお国柄が出る。

大同電鍋

もともとは日本の炊飯器がベースの台湾の電気釜。台湾のお母さんの知恵により、ごはんを炊くだけでない、万能電気釜へと成長した。今では台湾家庭のマストアイテム。

ステンレス製品

こちらも台所を取り仕切る、お母さんが愛用するステンレス製品。カビなくて衛生的。収納は重ねて。調理に保存に大活躍。その種類も豊富な台湾。日本にもあったらいいのにと思う。

一家に、1・7台

台湾の国民的家電、大同電鍋〔ダートンディエングォー〕は、「炊く」「煮る」「蒸す」「温める」など、1台でなんでもこなせる万能電気釜。台湾の家庭の一家に1・7台あるといわれている。見た目もレトロでかわいらしく、大同寶寶〔ダードンバオバオ〕という坊やのキャラクターもいて、電鍋は台湾のアイドル的存在。

そのルーツは、意外にも我が国、日本なのも興味深い。大同電鍋は、1950年代に登場した日本の炊飯器がそのルーツ。日本の東芝が台湾の老舗総合電機メーカーTatung Co.〔大同〕と作った炊飯器。共働きの世帯が多い台湾で、忙しい主婦の家事に革命をもたらしたといわれている。日本では、お米を炊くこと以外には使われなかったが、台湾では、いくつもの調理に使われるようになっていった。その柔軟な発想がすごいと思う。台湾のお母さんは、電鍋にお皿を重ねて入れて、同時に数種のおかずを調理したりもする。外釜に水を入れ、内釜で米を炊いたり、煮物やスープ、蒸し物にはプレートをのせたり、ときにはせいろを積んだり。

電鍋の基本操作は、蓋をしてスイッチを押すだけという、シンプルなもの。外釜に入れた水が沸騰し、その水蒸気で調理する。水がなくなるとスイッチが上がる仕組みだ。このアナログな仕組みこそが、新しい発想を生み出した原点なんだと思う。

同じルーツを持つ炊飯器だが、それぞれの運命はふたつに分かれた。日本では、米を炊くことに特化していき、現在のハイテクな炊飯器へと成長。台湾では、機能もデザインもほぼ当時のまま、現在に至る。ちなみに日本の当時の炊飯器は博物館にある。なんだかおもしろい。どっちがいいのか判断は難しいが、長く続く台湾ブ

01

02

03

01 大同電器の直営店 02 大同電鍋のマスコット、大同寶寶（大同坊や） 03 2段重ねでおかずを同時に2品作る 04 食堂の店先にも電鍋 05 ビルの受付にも電鍋。おじさんとツーショット 06 市場の事務所にも電鍋 07 ステンレス好きにはたまらない

ームで、最初は台湾好きから火がついた大同電鍋が、一般の日本人にも知られるようになった。半世紀の時を超えて、逆輸入された文化。ちなみに大同電鍋は、30年壊れないといわれている。スイッチのつまみが取れようが、電鍋は働きをやめない！　日本の家電メーカーにも、ここにこそ価値を見出してほしいと思う。

ステンレス大好き

台湾の屋台や家庭に行くと、使われている食器には、ステンレスが多いことに気づく。聞けば、台湾は湿度が高く、カビが発生しやすい気候というわけで、衛生的なステンレス製品が好まれるという。どのくらいの湿度かというと、台北在住の人によると、除湿機を使わなければクローゼットにきのこが生える！とのこと。台湾の家庭には除湿機は欠かせないらしい（住んでいる地域にもよるが）。ちなみに除湿機は、値段は高いが日本製が人気だそう。

屋台や食堂では、ステンレスのお箸をよく見かける。カトラリーを使うときは、紙で拭いてから使ったり、マイ箸を持参したりする人もいる。台湾は衛生面とか健康面に気を使う人が多い。電鍋を使う理由のひとつに、電子レンジの代わりというのがある。台湾では電子レンジの電磁波が体によくないと考えている人が多い。とにかくそう信じたらとことん実行する、それが台湾の人の印象。

ステンレス製品といえば、台湾の日用品が揃う、台湾のドンキホーテ的存在、勝立生活百科〔シェンリーシォンフォバイフォ〕には、ステンレス製品コーナーがある。あらゆる大きさのボウルや蓋、食器類、カップ、カトラリーのほか、電鍋用の内釜や弁当箱まである。日本にはあまりない大きさや形で、蓋をすれば、スタッキングで

04

05

06

07

きて便利。それもそのはず、ここでまた、台湾のお母さんが登場する。実は、台湾母さんは、ステンレス製品を使いこなす、ステンレスマスター。あらゆるサイズのものを所有しているらしい。そこには電鍋との関わりも出てくる。ステンレスは熱にも強いので、電鍋に入れれば、なんでも調理できる。調理したあとは、すぐに食べなければ、蓋をして冷蔵庫に入れられるし、温め直すときはそのまま電鍋に入れればいいわけなのだ。さすが！お母さん。

冷めたものは必ず、温め直して食べるのが台湾の常識。なので、弁当箱はもちろんステンレス製で、家で料理を詰めて、会社の電鍋で温めて食べるのだという。ステンレス製品は台湾の食文化を感じるアイテムだ。

モノでごった返す

台湾の日用品を扱う店は、問屋街の店や前出の勝立生活百科のように何店舗もある店もあれば、個人経営の店もある。問屋街の店は、飲食店で使われるあらゆる道具が揃っているが、食器類は見本だけでオーダーしなければならないケースもあり、ツーリストには不向きな面もある。勝立生活百科もキッチン雑貨は充実しているものの、日本にもありそうな柄の食器が多くて残念。私が欲しい、台湾の屋台や食堂で使われている懐かしい雰囲気のメラミンをはじめとする食器類は、なかなかありそうでない。しかも、年々、台湾でも影を潜めつつあるらしい。そうなると、個人経営の小さな店が狙い目だ。しかし、台北ではそのような店が残念ながら減ってきているようだ。となると地方だ。ただ、実際に地方に行っても情報がない。もう運か、鼻を利かせるしかない。

12

10 | 08
11 | 09

08ステンレスの弁当箱と汁物入れ 09釣り銭入れだってステンレス 10スープの器も食堂ではステンレスが定番 11働くステンレスたち

運でいうなら、たまたま、取材で高雄を訪れる機会があった。取材先は、商店が数軒あるくらいの本当にローカルな場所にあった。そのとき、取材先の店の斜め向かいに、気になる店を見つけた！ 外観は明らかに日用品店だ。取材先よりもまずは、こちらに向かう(笑)。もしかしたら、ここにあるかも。期待を込めて入店した。中はすごかった!! 上から下までモノであふれ、机の上もモノが散乱、その中におばさんがいる。その光景はかなりおもしろかったが、それを横目に食器の捜索を開始した。モノの多さに目が慣れたころ、埃まみれのメラミン食器を見つけた！ おそらくデッドストック。とにかく汚かったが、ここで買わなければもう、見つからないかもという思いだった。おばさんに、もっと数があるか聞いてみたら、2階に案内された。モノをかき分けながら2階に上がると、箱が積んである倉庫だった。そこからストックを出してくれた。ゴミの山(別名 宝の山)状態の在庫を把握しているとはなかなかやる。数こそなかったが聞いただけの価値はあった。おばさんは、売り物にまみれながら、埃のついた器を拭きもせずに、紙に包んでくれた。なんというおおらかさ(苦笑)。

台中では市場のそばでその店を発見した。高雄のお店ほどではないが、なかなかのボリューム感。わりとお客の出入りがありそうな立地ではあるが、最後に商品が売れたのはいつだろうかと聞きたくなる商品の古さ。そこがある意味、ポイントが高い。やはり、ねらい通り！ こちらの店は色や形がいろいろあってすごい品揃えだ。もちろん店の奥で埃まみれの状態で……。あんなに衛生面や健康に気を使う台湾なのに、昔ながらの小さな日用品店に限って埃まみれ。お宝探しはそう楽ではない。荷物の量が許せば、たくさん買って帰りたかったが、また次回の楽しみにしよう。

13

14

15

16

12 モノに囲まれる店in台北 13 モノにあふれる店in高雄 14 買った商品はちゃんと梱包してくれる 15 屋台のメラミン食器 16 カラフルなおろし金も台湾のキッチンの必需品

筒仔米糕【ドンズーミーガオ】

竹筒肉そぼろおこわ

電鍋を使って作る、肉そぼろがのっかったプリンのような見た目のおこわ。
アルミやステンレスのカップで1個ずつ蒸される。
小さめのサイズ感は小吃〔シャオチー〕と呼ばれる台湾の小腹を満たす料理ならでは。

材料(4人分・直径6cmのステンレスカップ4個分)

もち米…2合
太白ごま油…大さじ1/2
水…90mℓ＋180mℓ
肉燥…200g ＊下記参照

作り方

1. もち米は洗って、水けをきる。
2. フライパンに太白ごま油を熱し、1.を炒め、米が透き通ってきたら水90mℓを加え、水分を含ませる。
3. ステンレスカップにそれぞれ肉燥を入れ、その上に2.を入れる。
4. 電鍋の外釜に180mℓの水を入れ、スチームプレートをのせ、3.のカップを並べ、蓋をしてスイッチを下げる。
5. スイッチが上がったら出来上がり。カップをひっくり返して、器に盛る〔写真右下〕。

＊電鍋の代わりにせいろで蒸しても作れる。
その場合は15〜20分蒸す

肉燥(ロウザオ)

材料(作りやすい分量)

豚ひき肉…300〜400g＊脂が気になるときは、さっとゆでる

A
- 酒…大さじ2
- 醤油膏(台湾とろみしょうゆ)…50mℓ ＊たまりじょうゆで代用可
- 台湾しょうゆ…50mℓ ＊日本のしょうゆで代用可
- 塩…小さじ1
- 白こしょう…小さじ1/2
- 氷砂糖…大さじ1
- 油葱酥(フライドオニオン)…大さじ2
- 五香粉…小さじ1/2

水…300〜400mℓ＋180mℓ

作り方

1. 電鍋の内釜でひき肉を炒め、肉の色が変わったら、Aを加えてさっと炒める。300〜400mℓの水を加える。
2. 外釜に180mℓの水を入れ、1.をセットして蓋をし、スイッチを下げる。
3. スイッチが上がったら出来上がり。

＊普通の鍋でも作れる。その場合は15分ほど煮る

台湾にはおこわ用のステンレスカップがあるが、なければプリンカップなど耐熱の器で代用

瓜仔肉【グァズーロウ】

豚肉ときゅうりの漬け物の蒸しハンバーグ

台湾の家庭で電鍋を使ってよく作られる料理のひとつ。
具材はいろいろとアレンジが利き、ごはんのおかずにぴったり。

材料（2～3人分・直径15㎝の器1個分）

豚ひき肉…150g
卵（黄身と白身に分ける）…1個
きゅうりの漬け物（粗みじん切り）…30～50g
　＊市販のきゅうりのしょうゆ漬けでよい

A
- 醤油膏（台湾とろみしょうゆ）…大さじ1/2
　＊たまりじょうゆで代用可
- 台湾しょうゆ…大さじ1/2
　＊日本のしょうゆで代用可、またはオイスターソース大さじ1
- 米酒（または日本酒）…大さじ1
- きゅうりの漬け物の漬け汁…大さじ1
- 水…大さじ3
- しょうが（みじん切り）…2かけ
- 白こしょう…小さじ1/2
- ごま油…大さじ1

〈仕上げ用〉
小ねぎ（小口切り）…4本

作り方

1. ボウルに豚ひき肉、卵白、きゅうりの漬け物とAを入れて混ぜる。よく混ざったら、深めの耐熱容器に入れ、箸で数カ所穴を開け、中央にくぼみを作り、卵黄を入れる。

2. 電鍋の外釜に水135㎖（分量外）を注ぎ、スチームプレートをセットする。1.をのせ、蓋をしてスイッチを下げる。

3. スイッチが上がったら、竹串を刺して、肉汁が透き通っていたら出来上がり。仕上げに小ねぎを散らす。

＊電鍋の代わりにせいろで蒸しても作れる。
　その場合は15～20分蒸す

⇐
ひとり分ずつ小分けにしても、大皿で多めに作ってもよい。
加熱時間は、その都度調整する

KOREA

【韓国】

お隣の国の座敷文化と道具

韓国は、日本と同じ座敷文化を持つ国。お膳やちゃぶ台を使うが、器や道具の使い方は韓国式。宮廷料理を支えた道具も秀逸。

オンギ

「呼吸する器」といわれる。キムチやコチュジャン、しょうゆなどの発酵を促す道具として、昔からオンギの甕が使われている。甕のほか、器やトッペギ（鍋）もある。鍋は直火にかけられ、そのまま食卓へ出される。

パプサン

韓国のアルミのテーブルを「パプサン」という。パプはごはん、サンはお膳を表す。すなわち、ちゃぶ台のこと。韓国では、ごはんを食べたり、お酒を飲むときに使われる。軽くて、折り畳めて便利。

憧れの水刺間〔スラッカン〕

韓国料理に興味を持ったのは、韓国で当時、最高視聴率を獲得した国民的歴史大河ドラマ「宮廷女官 チャングムの誓い」を見たのがきっかけ。ドラマは、朝鮮王朝時代の宮廷を舞台に、宮廷女官の主人公、チャングムの波乱に満ちた人生を描いたもの。チャングムは、亡き母の願いをかなえるため、10歳で宮廷に入り、王の食事を作る女官を目指す。ドラマでは、수라간〔スラッカン〕、王の食事を作る台所を舞台にさまざまなドラマが展開する。そのスラッカンで使われている調理道具や器が素晴らしく、いっきにドラマの世界に引き込まれた。スラッカンは土間のようなキッチンで、かまどに薪をくべて、その上に냄비〔ネンビ〕、鍋をのせて、煮たり、ゆでたり、ときには炒めたりする。鍋は、真鍮や鉄製（おそらく）の大きな持ち手のない中華鍋のような形で、使いやすそう。和え物や材料を混ぜたりするのは、白磁の器（さすがスラッカン）。

調味料が入った器は옹기〔オンギ〕と呼ばれる、韓国の伝統的な甕で、しょうゆやコチュジャン、キムチなどを入れるのに使われる。「呼吸する器」といわれ、ほどよい通気性と浄化作用があり、しょうゆやキムチなどの発酵食品を作るために欠かせない道具として古くから使われている。ドラマでは、チャングムの亡き母が作った何十年も熟成させた甘酢がオンギに入れられ、宮廷内の地面に密かに埋められていた。この甘酢が、料理対決の勝敗を分けた。チャングムはこの母の甘酢のおかげで最終決戦の料理対決に勝利する。この感動のシーンにオンギの存在が、際立っていた。

韓国の街を歩いていると、大きなオンギが、ベランダや庭に並べて置いてある家

01

02

01 街のあちらこちらに大きなオンギが並ぶ。韓国の日常風景 02 市場で売られるコチュジャンやみそにはいろいろな種類がある 03 韓国料理は野菜が豊富。屋台にはステンレスボウルに入った野菜のナムル 04 ソウルのアンティークショップの器 05 白磁の器にはキムチ。キムチは韓国を代表する発酵食品 06 ひとつは持ち帰りたい木製のお膳

をいくつも見かけることができる。オンギは、甕だけではなくて、鍋や器もある。シンプルで丈夫なところが気に入っていて、韓国に行くたびに持ち帰っている。オンギを使うときは、スラッカンの女官になったつもりで料理に励んでいる。

ちゃぶ台サランヘヨ

チャングムのドラマでは、王様の食事は、水刺床〔スラサン〕と呼ばれる、脚つきのお膳に料理がのせられる。スラは、王のために作られた食事で、サンはお膳。なんとメインのお膳とそれより小さいのがふたつ、合わせて三つのお膳が並ぶ。さすが王様、豪華。王様だけじゃない、宮廷では、ひとりひとりにお膳がつく。うらやましい。そういえば、ソウルの韓定食〔ハンジョンシッ〕の店に行ったとき、コースでたくさんの料理がお膳で出された。そのときからお膳が気になっていた（のちにちゃぶ台好きにつながる）。

ちなみに、韓国では、スジョ（スッカラとチョッカラのセット）はお膳に直のせする。スッカラは平たいスプーンで、ごはんと汁物を食べるときに使う。チョッカラは箸で、おかずをつまむのに使われる。スラッカンでは、銀製のスジョが使われていたという。それは、銀が毒に反応すると黒く変色するからだ。確かにドラマでも、毒を盛るシーンがあった。食事も危険と隣り合わせだ。また、お膳には食事用、茶菓子用、お粥用、お酒用などいろいろな種類がある。そういえば、日本の時代劇でも食事は脚つきのお膳だ。殿様だけじゃない。ドラマ「みをつくし料理帖」で主人公の女料理人の澪が、江戸で働いていた料理屋には、テーブルはなく、料理はひとりひとり、脚つきのお膳で運ばれていて、こんな店があったらいいなと思ったのを覚えている。

03

04

05

06

このふたつの国の座卓文化。これは、座敷生活（床に座る）という共通の文化からきている。昔の韓国では독상、独床〔ドクサン〕といって、ひとりに1台のちゃぶ台で食事をする文化があったそう。なので、取り皿は必要なかったが、用意する器の数は多くなり、家事の負担は増し、いつしか家庭では、ちゃぶ台を囲んで食事をするようになったとか。日本のちゃぶ台も同じように生まれたのかもしれない。ちゃぶ台好きとしては、目から鱗のちゃぶ台の歴史だ。

韓国のちゃぶ台といえば、パプサンという、アルミのちゃぶ台がおなじみ。もちろん、庶民のちゃぶ台。食事をしたり、お酒を飲んだり。サイズもいろいろある。折り畳めるのが懐かしい（昔あった）、現代のスラサン。我が家のちゃぶ台コレクションに加わった。

お釜が生んだソウルフード

ちゃぶ台と同じように韓国でハマったものがある。それは、누룽지〔ヌルンジ〕だ。前著でも同じ話を書いたが、また言わせてもらいたい。ヌルンジとはおこげのこと。ヌルンジとの出合いはソウルの韓定食の店だった。伝統的な宮廷料理をコース（お膳）でいただくもので、どれも滋味あふれる素晴らしい料理だったのだが、コースというスタイルは、少しずつでも、種類があるとおなかがいっぱいになってしまう。とくに少食の日本人にはこたえる様式。このときも、もうおなかははち切れんばかりになっていて、ほぼ料理も終わったかなというタイミングで、また何か出てきた！　どんな説明を受けたか忘れたものの、薄い粥状のものが出された。お粥かスープかわからないけど、とにかくもうおなかに入らない！　水一滴もつらいくらいだった。

07

08

09

10

韓国ではしめにこれを食べる？飲む？のか。でも料理研究家としては、味を確かめずに帰るわけにはいかない。ひと口、口に入れた。やさしい温かさの汁が、すーっと胃に入っていった。塩味も何もついていない、あとにほんのり香ばしい風味が残る。もうひと口、もうひと口……と飲んでいるうちに気がつけば、全部飲んでしまっていた！　しかも、ついさっきまでおなかいっぱいだったはずなのに、気がつけば、おなかが楽になっていた。まるで魔法のようだった。キツネにつままれたかのようだった。その薄い粥こそが「ヌルンジ」だった。

それからはヌルンジの虜になった。よく見ると韓国のスーパーには、おこげやおこげキャンディ、おこげ茶、インスタントのヌルンジなどおこげ関連商品がたくさんあるではないか！　サムギョプサルの店に行ったときは、お客がスープジャーから何かをよそっていた。行ってみると、ジャーにはヌルンジが入っていた！　しかも無料（飲み放題）。肉より、テンションが上がってしまった。ほかには、ヌルンジ定食を出す店もある。ここではお粥に近い形状のヌルンジをメインに、おかずがついた定食が食べられる。そんなヌルンジは、昔、まだ釜でごはんを炊いていた時代に、釜の底に残ったおこげを無駄にしないように水を入れて沸かして飲んだことに由来するそうだ。それが、韓国のソウルフードとして今も親しまれている。とくにお父さん（おじいさん）世代の懐かしい味だと聞いた。きっと子どものころに飲んだ思い出の味に違いない（味はないけど）。ヌルンジのよさは、白湯を飲んだときに似ている。もしかしたら白湯よりもやさしい包容力で、体を整えてくれる気がする。このおいしさを共有したいが、日本人には味がなくておいしくないという評価にとどまっている。

12

11

07お茶屋さんでは中庭を眺めながらお茶を味わえる 08パッピンスは韓国のかき氷。炊いた小豆が絶品。お餅がトッピングされている 09お釜で作った大きなおこげ 10定食屋さんの店の外にあった大きなお釜 11ヌルンジ定食はたくさんのおかずが添えられる 12白湯感覚のヌルンジ（飲むタイプ）でほっこり温まる

계란찜【ケランチム】

韓国風茶碗蒸し

「ケラン」は卵。「チム」は蒸す。韓国の土鍋「トッペギ」で作る卵料理。
土鍋の特徴を生かしたふわふわの仕上がりが魔法のよう。
トッペギはおかずの一品として鍋ごと食卓に出せる小サイズ。
具やだしを替えて楽しむのもいい。

材料(2人分・直径20㎝のトッペギ1個分、小さい土鍋で代用可)

卵…3個
水…100㎖
かに缶…1缶
小ねぎ(小口切り)…2本
A
- 塩…小さじ1/2
- カナリエキス…小さじ1/2
  - ＊魚醤(ナンプラー、ヌクマム)またはあみの塩辛で代用可

作り方

1. トッペギ(または土鍋)に分量の水を入れ、火にかける。
2. ボウルに卵を割り入れ、かに、小ねぎ、Aを加えて、混ぜる。
3. 1.に2.を入れ、かき混ぜながら加熱する。半熟になったら、弱火にして蓋をし、1分ほど加熱する。火を止め、3分ほどおいて余熱で火を通す。

トッペギは、小さいサイズが基本の土鍋。1〜2人分の日本の土鍋で代用してみて

THAILAND
【タイ】

辛くて酸っぱくて
うまい料理を支える道具

タイ料理は、辛味、酸味、香りなど、
五感を刺激しまくる料理だ。
ひと口食べれば、体が目覚める。
いつも使っていないスイッチが入る気がする。
そのおいしさを引き出すのは
道具かもしれない。

ホーロー製品

タイのホーローといえば、3段重ねの弁当箱を想像する方も多いのでは。ホーロー製品は、屋台でも大活躍。おかずを入れたり、鍋にもなったりする。実はこれらはインドから入ってきたものといわれている。

波刃包丁

野菜を飾り切りしたりする。アジアでは定番のキッチンアイテム。飾り切りだけではなく、味を染み込みやすくしたり、形崩れしないようにしたりする効果もある。意外に頼り甲斐がある。

クロック

ソムタム（青いパパイヤのサラダ）を作るのになじみの調理道具がクロック（臼）。屋台でもこの臼を使い、食材をポクポクと棒で叩いて作られる。クロックは、タイでは用途に合わせて使い分けられている。ソムタムには陶器製が使われる。

ソムタム職人とタイの洗礼

バンコクに着いて最初の食事はタイ東北部のイサーン料理をチョイス。日本ではまだタイ料理屋さんも同じような店しかなかった時代。地方料理を食べてみたいと思って選んだと思う。ところが、メニューを見ても、どれがどんな料理かわからなかったので、とりあえず、知っている料理を注文した。

イサーン料理といえば、ส้มตำ〔ソムタム〕、青パパイヤのサラダとか、ไก่ย่าง〔ガイヤーン〕、鶏肉の炭火焼き。なんだか、懐かしい響きだ。私が好きなのは、ลาบ〔ラープ〕。ラープは、細かく刻んだ肉をハーブや調味料で和えた料理で、ข้าวเหนียว〔カオニャオ〕、もち米を手で揉んで餅状にして食べる。まわりのテーブルを見渡すと、鍋料理を食べている人たちも多い。

まず、ビールジョッキが登場。初の氷入りビールだ。蒸し暑いタイにはピッタリの薄さ、意外にハマりそう。次のアクティビティは、ソムタム。店内には屋台のようなセットがあり、そこでソムタムを実演してくれるといった具合だ。

ソムタムを作るには、ครกดิน〔クロック〕とサークという、つき棒を使う。このクロックの中で、「叩く」「潰す」「混ぜる」が行われる。クロックには種類があり、石、陶器、木製がある。ソムタムには、陶器か木製が使われる。そうそう、この料理は、「ソム」は酸っぱい、「タム」は叩くという意味で、叩くことがポイント。いよいよ、実演タイム！ ソムタムショーのはじまりだ。クロックに、並べてある材料が次々に入れられる。にんにく、唐辛子、干しえび、ピーナッツ……。右手につき棒、左手にはへらを持って、ポクポク、ポクポク、独特な音を立てながら。せん切りの青

02

01 バンコクの街の風景にタクシーの色が映える 02 ソムタム屋台はクロックが目印。辛さなど味の仕上げはお好みで注文 03 通りすがりの屋台の店先 04 タイのビニール袋使い。汁物だって上手にテイクアウト 05 タイのチャーハン。たれつき 06 バンコク中華街の近くのインド人街

01

いパパイヤや調味料が入ると、つき棒とへらで、叩きながら混ぜる。具材が宙を舞いながら、一体化していく。もう、それは、職人技。その妙技に酔いしれた。テーブルに戻って、早速、いただいた。酸味と辛味のバランスがおいしい！と感じたのも束の間。辛っ!! その後は、止まらぬ涙、汗、鼻水？ 何かわからないけど、とにかく止まらない。氷入りビールをがぶ飲みしたが、火事はおさまらない。その後の料理も、言うまでもない。タイの洗礼を受けた夜だった。

絶対にこぼれないビニール袋

昔、タイに行って驚いたのは、街を歩く人が、コンビニの袋のような小さなビニール袋にストローを入れて、持ち手を指に引っ掛けてジュースを飲んでいたことだ。私も真似したくてジュース屋台を探した。屋台では持ち手つきのビニール袋に氷を入れ、ジュースを注いだらストローをさして渡してくれる。ジュースも漏れない！斬新なアイデアだ。漏れないといえば、屋台のテイクアウトだ。タイは外食文化が定着していて、屋台で料理を買って帰り、器に移して食べるのが昔ながらのスタイル。だから屋台ではなんでも持ち帰れる。その文化を支えているのが、ビニール袋と輪ゴム。炒め物やごはん物はパックでも、液体の調味料はビニール袋に。麺料理なら熱々のスープと、麺と具材に分けられ、タレは小さなビニール袋に。とにかく屋台メシは基本ビニール袋にイン！だ。その方法は、筒状の入れ物にビニール袋をセットし、口の広いじょうごをのせ料理を投入。じょうごを外し、袋の中に空気を入れ、ビニールの口を数回折り返し、それをまとめ、輪ゴムでぐるぐるっと巻いて完成だ。一瞬にしてパンパンに密封されたおかずに変身。この妙技がタイの胃袋を支えている。

05 | 04 | 03

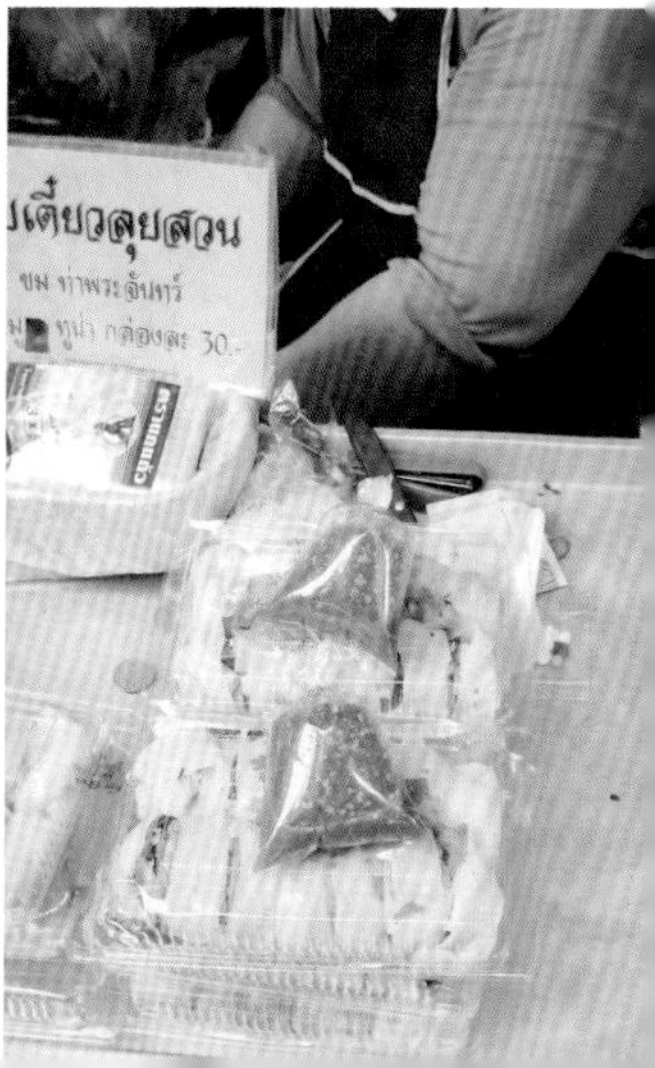

06

ส้มตำ【ソムタム】

青パパイヤのサラダ

ソムタムは「クロック」(臼)と「サーク」(棒)、お玉を使って叩きながら作る、青パパイヤのサラダ。屋台のおばさんのように作るには相当な練習が必要だが、クロックで作るのが何よりの醍醐味。

材料(2〜3人分)

生赤唐辛子…1本
にんにく…2かけ
さやいんげん(3cm長さに切る)…2本
ミニトマト(半分に切る)…2個
ローストピーナッツ…大さじ2
干しえび…大さじ1

A
- ナムプラー(魚醤)…大さじ1〜2
  ＊魚醤のメーカーによって味が違うので調整を
- ライム汁(またはタマリンドジュース)…50mℓ
- パームシュガー…大さじ1
  ＊砂糖で代用可

青パパイヤ(せん切り)…1/2個
にんじんまたはパプリカ(せん切り)…少々

〈つけ合わせ〉
キャベツ…1/8カット
さやいんげん…2〜3本

作り方

1. 臼に唐辛子とにんにくを入れて棒で叩き、いんげん、トマト、ピーナッツ、干しえびの順で加えて、その都度叩き、Aを加えて混ぜる。

2. 1.に青パパイヤとにんじんを入れ、軽く叩きながら混ぜ合わせる。器に盛り、つけ合わせの生野菜を添える。

ソムタム作りは、まずすべての材料を先に準備するとクロックでの作業がスムーズになる！

CAMBODIA
【カンボジア】

クメールの記憶を
蘇らせる道具

アンコールワットが
ジャングルから発見されたように
クメールの伝統も蘇り
継承されるべきもの。
道具ひとつひとつにその記憶が宿る。

クメール焼

かつてカンボジアで栄えたクメール王朝の焼き物文化。しかし王朝崩壊とともにジャングルの中に消えてしまった。「幻の陶器」といわれるクメール焼。最近は、新しいクメール焼が作られている。静かな佇まいに王朝時代の風格を見る。

クロマー

カンボジアの生活に欠かせない万能布。伝統的な手織布で、軽くて、丈夫で、乾きやすい。頭や肩先を覆えば日除けに、タオルや風呂敷などに、と用途はさまざま。伝統のチェック柄の配色の違いは昔、民族を表すものだったとか。使い古したら最後は雑巾として使命をまっとうする。

布製コーヒーフィルター

ベトナム同様、フランスの統治を経てカンボジアにもコーヒーが浸透。ベトナムは「カフェフィン」というアルミのフィルターを使ってポタポタ抽出するのに対し、カンボジアは目の詰まった布製の茶こしにコーヒーの粉末を入れ、熱湯を勢いよく注ぎ抽出する。時間がかかるベトナムに対し、カンボジアは時短タイプというわけだ。

カンボジア未開の地の味

カンボジアは、いつか行ってみたいと思っていた場所だったが、突然その機会は訪れた。カンボジア料理は、日本で人気のアジア料理の上位であろう、ベトナムとタイに挟まれ、影が薄い印象だった。料理も、タイやベトナムにもある料理がある。本当はどうなんだろう？　情報も限られたものしかない。レシピ本もほとんどない。急に探究心に火がついたのだ。

現地では、外国人に交じって料理教室に参加。レストランのようなメニュー表からひとり2品を選べと指示があった。予想通り、みんなバラバラだ。料理教室は市場での買い物からスタート。食材についてレクチャーを受ける。キッチンに移動し、調理スタート。全員自分で作る実習形式。レシピは渡されない。しかも全員同時進行。講師はひとり。目の前にはクロック（臼）が登場し、言われるがままに、潰したり、切ったり、ときどき、同じメニューの仲間が集められ、炒めたり……。気がついたらあっという間に出来上がり。魔法だ！　カンボジアは歴史上、インド、中国、フランスなどの影響を受けている。なので、その片鱗を感じさせる味や調理法。そこには、タイやベトナムとはまた違う味わいがあった。もっと自分の中のカンボジアを開拓したくなった。いつかあの先生に弟子入りしたい。

ふしぎな島のフローネ

シェムリアップでは、外国のセレブファミリーが長期滞在するような宿に予約を入れていた。というのも、そこは単なる高級ホテルではなく、カンボジアの昔の住

居に宿泊できるからだ。カンボジアの農村から移築された家屋は、それぞれ建てられた年代、建築様式やストーリーも違っている。今ではなくなりつつある、貴重なクメールの伝統を伝える、高床式の木造家屋たち。ホテルはこれらを集めた小さなロッジになっている。伝統家屋は贅沢なコテージなのだ。11棟の家屋にはそれぞれに名前がつけられていて、私たちが泊まったのは、カンボジア語で「ドッビ」、棒馬（馬の頭がついた玩具のステッキ）という名前の家で、1956年に建てられた。屋根の下には雨樋の装飾、木の階段を上がると、扉の前はテラスになっていて椅子が並べられ、くつろぎたくなる空間になっている。扉を開けると、室内は高い天井、凝った装飾のインドの家具、奥行きがある異国のベンチチェア。インドの影響を受けたクメールの歴史があちこちに。使い込んだ床はさらさらで、素足で歩くのが気持ちいい。高床式住居は風通しがよく、床下は日中過ごしたり、家畜を飼ったりする場所だという。雨季には洪水が多いため、それに合わせて床の高さを決めているらしい。この家の元の所有者は、食料品で財をなした中国の商人の家系。どうりで立派なはずだ。

夕食を終え、ドッビに戻る。部屋にはテレビがない。BGMは虫の声。不意な来客のヤモリ。急に蘇った。この感覚は、子どものころに見た、無人島に漂流した一家の物語。ジャングルの大きな木の上に家を作って無人島生活を送る話だ。まさにそれ！　高床はきっと外敵からも身を守ってくれていたのだろう。だから妙な安心感がある。そんなことを想像しながら一夜を過ごした。翌朝、聞いたこともないような鳥の声やカエルの鳴き声で目が覚める。「ここは本当の無人島?」。仕掛けでもなんでもない、リアルなカンボジアの生活を体験した宿だった。

01/02 03 04/05 06/07 08

01カンボジアを代表する料理、アモック 02シェムリアップのレストラン街は市場に隣接 03南国感あふれる市場の野菜 04湿度の高いカンボジアではかご製品は日常の道具 05クロマーで作った巾着にはカンボジア産のこしょうが入っている 06クメールの文化が詰まった高床式住居 07外の強い日差しをさえぎった家の中は暗いが涼しい 08時間を忘れてくつろげるテラス

សាច់គោឆាខ្ញី【サイコー・チャー・クニャイ】

クメール風ビーフジンジャー

カンボジアは日本人にもなじみやすい味つけの料理も多い。チャー・クニャイはカンボジアのチキンジンジャー。しょうがの量がすごいが、意外にも辛くはない。レシピは牛肉版。

材料(2～3人分)

牛こま切れ肉…400g
サラダ油…大さじ1
にんにく(みじん切り)…2かけ

A
- 塩、こしょう…各適量
- ヌクマム(魚醤)…小さじ1
- 砂糖…小さじ1
- オイスターソース…小さじ1

しょうが(せん切り)…1個(100g)
小ねぎ(4㎝長さに切る)…3～4本

作り方

1. 牛肉は大きければ食べやすい大きさに切る。フライパンにサラダ油を熱し、牛肉を入れて炒め、肉の色が変わったら、にんにくを加えて炒める。

2. にんにくの香りがしてきたら、Aを加えて炒める。

3. 2.にしょうがを加え、しょうががしんなりしてきたら小ねぎを入れ、さっと炒める。

HONG KONG
【香港】

道具で巡る香港グルメ

香港は、グルメの数だけ道具が存在する?
それぞれの名物やおいしい記憶の中に
特徴的な器や道具がある。
まるで道具のデパート。
旅人を惹きつける魅力にあふれている。

砂鍋

香港の冬の風物詩「煲仔飯」〔ポウチャイファン〕は香港式の土鍋ごはん。砂鍋〔サーコー〕と呼ばれる素焼きの小さな土鍋が活躍する。九龍・廟街の路上の屋台では、熱々の煲仔飯を食べる人々で賑わっている。

景徳鎮

歴代皇帝が愛したといわれる景徳鎮〔けいとくちん〕。ムスリム商人が西アジアやヨーロッパに広めたといわれている。日本でも香港の土産として人気があった。派手な色や透かしの入った器や茶器。今になってそのよさが新鮮に感じる。

茶餐廳のカップ&ソーサー

香港の茶餐廳〔チャーチャンテン〕は、香港で愛されている、日本のファミレスと喫茶店を合わせたような場所。そこで出されるおなじみの香港式ミルクティーのカップ&ソーサー。ぽってりとした飲み口と赤いラインがレトロ。

道具は現場で働いてるんだ！

香港は道具の見本市。屋台で使われている道具や食器がどれも新鮮に見える。飲茶の店では、たくさんの円卓、白地に花柄や店名入りの茶器に、ワゴンで運ばれる使い込まれた小さなせいろの山に、おこわが入ったステンレスカップ。飲茶が盛られた白い小皿。アルミのトレーの上には、チリソースが入ったタレ皿がスタンバイ。おじさんが淹れてくれるお茶の入った大きなやかん。天井には鳥籠。注文書のデザイン。定員さんの制服。いろんな道具が働く現場だ！　私は道具劇場の観客だ。食べるのも観察するのも忙しい。使い込まれた道具が、店の歴史を物語る。ピカピカの新品もいいけど、歪んでいたり、ちょっと欠けていたり、ロゴがはげていたりしたほうが、断然、絵になる。飲茶を配るワゴンのおばさんもベテランの風格。飲茶の現場はとにかく忙しない。飲茶ってもっと優雅な時間なのかなと想像していたが、現場は違った。ときどき、ワゴンのおばさんが学校の給食のおばさんにも見えてしまう。もしかしたらローカルにとってはそんな存在なんだろうか。私が使いこなせる日が来るかわからないが、まずは現場の道具を揃えるところからはじめよう。

道具は現場で働いてるんだ！　その2

香港の現場、その2は、土鍋ごはん屋さん。煲仔飯〔ポウチャイファン〕の店だ！生米と具を素焼きの土鍋で炊き上げ、タレをかけて食べる煲仔飯は、香港の冬の風物詩だ。ずらりと並んだコンロの上で土鍋を勢いよく熱する光景は、一見の価値あり。煲仔飯に使われる土鍋は、砂鍋〔サーコー〕と呼ばれる中国の土鍋。ひとり用、

01

02

03

ふたり用など、日本の土鍋と違い、小ぶりなのが特徴。片手で持ちやすそうな作りになっている。煲仔飯の煲は土鍋のことを指し、仔は子どもの意で、煲仔は土鍋の子ども、すなわち小さな土鍋という意味になる。結構、もろい作りなのだが、ガンガン火にかけている印象。やはりここも、劇場型〔「激場」こっちの字も当てはまる〕の店。出来上がった煲仔飯は、そのままテーブルに出される。蓋を取り、湯気とともに立ち上る、香ばしい香り。甘じょっぱいたれをかき混ぜて召し上がれ！

道具は現場で働いてるんだ！その3

現場その3は、茶餐廳〔チャーチャンテン〕。喫茶店と食堂が合体した、香港のスタローヴァヤだ〔57ページ参照〕。香港式の洋食や中華料理を提供。早朝から深夜まで営業する店もある。学生からビジネスマン。朝食からお茶の時間、夜食まで、香港人の日常に欠かすことのできない存在といわれている。メニューもユニークだ。菠蘿包〔ボーローバウ〕は香港名物のパイナップルパン。日本でいうならメロンパン。茶餐廳では、このパンにバターを挟んだり、ランチョンミートを挟んで甘じょっぱい味でいただくのが定番。ほかにも香港人のソウルフードといわれている、日本のインスタント麺「出前一丁」を使ったメニューがたくさんある。ドリンクメニューも然り。鴛鴦茶〔ユンヨンチャー〕はコーヒー紅茶、熱檸檬可樂〔イッレンモンホーロッ〕はホットコーラ。外せないのは、港式奶茶〔コンシックナイチャ〕。エバミルクとブレンドされた紅茶のパンチが利いた香港式のミルクティーだ。このドリンクが入ったカップ&ソーサーが茶餐廳の顔にもなっている。

05

06

04

01ワゴンに積まれた使い込まれた小さなせいろ 02ステンレスカップに入った腸詰のおこわ 03やかんから勢いよく注がれるお湯。おかわりは蓋碗の蓋をずらして

04店先に積み上げられた砂鍋。今晩は香港名物の煲仔飯（土鍋ごはん）はいかが？ 05中華街とも違うどこかクールな香港の看板 06活気あふれる夕方の市場

臘腸煲仔飯【ラプチョン ポウチャイファン】

香港式腸詰のせ土鍋ごはん

土鍋がグツグツしている間、香港の路上で熱々の土鍋ごはんを食べる人々が思い浮かぶ。現地ではさまざまな種類の土鍋ごはんが存在する。長粒米を使うのであっさりした仕上がりになるのがうれしい。

材料(2〜3人分)
タイ米…2カップ
ラプチョン(香港式腸詰)…100g ＊カルパスで代用可
水…2カップ
サラダ油…小さじ1
塩…小さじ1/2

〈かけだれ〉
生抽(サンチャウ)…大さじ1 ＊濃口しょうゆで代用可
老抽(ロウチャウ)…大さじ1
＊たまり醤油で代用可。またはオイスターソース小さじ1で代用可
砂糖…小さじ1/2

〈ねぎ油〉
小ねぎ(小口切り)…1/2束
サラダ油…大さじ4

作り方

1. 米をといでざるにあげておく。腸詰は食べやすい大きさに切る。
2. 鍋に湯(分量外)を沸かし、1.の腸詰をさっとゆで、水けをきる。
3. 土鍋に分量の水を入れ、強火にかけて沸騰したら、1.の米、サラダ油、塩を入れて軽くかき混ぜ、再び沸騰したら、2.の腸詰を米の上に並べる。蓋をして弱火にし、10分ほど炊く。
4. かけだれを作る。フライパンにかけだれの材料を入れ、ひと煮立ちさせたら火を止める。
5. ねぎ油を作る。耐熱容器に小ねぎを入れ、フライパンで熱したサラダ油を注ぐ。
6. 3.のごはんが炊き上がったら、4.のたれをまわしかけ〔写真右〕、蓋をして5分ほど蒸らす。5.のねぎ油をかけ、混ぜていただく。

香港の土鍋ごはんは、長粒米が基本。土鍋で一気に炊き上げ、甘辛なたれで和えていただく

MACAO

【マカオ】

中国、ポルトガル、ふたつの国の生活道具

マカオはかつてポルトガル領だった。
現在も中国とポルトガル、ふたつの顔が
混在し、独特な雰囲気に包まれている。
生活道具もふたつの文化が融合している。
それがマカオの魅力。

鶏公碗

鶏公碗（けいこうわん）の「鶏公」は、雄鶏を意味する。このおんどりの絵柄の器は、中国の福建省や広東省の家庭で愛用されていた庶民の器。香港ではおなじみだが、台湾や東南アジアでも広く使われている。伝統的な絵柄は、鶏、芭蕉、牡丹が揃っているとか。鶏は家、牡丹は富貴、芭蕉は繁栄を表す縁起物。マカオで見つけた我が家のものも条件クリア。

ポルトガルの食器

ポルトガルの素焼きの器も、スペイン同様にイスラムから伝わったとされる。茶色のテラコッタに白い点で描かれる図柄が特徴。温かみのある家庭的な雰囲気。器以外にも、鍋やチョリソのグリルに使う専用の器もある。

FERNANDO（法蘭度餐廳）

マカオには、ポルトガル料理を食べに行った。目的のレストランは、マカオの中心部からバスに揺られた所にある、コロアン島という小さな漁村にある。ホテルは海のそばで部屋からは黒沙湾も見える。コロアン島はとにかくのどかで、時が止まったような場所だ。こんな場所にポルトガル料理のレストランが？と思うような場所だが、実は、ポルトガルの伝統菓子、Pastel de Nata〔パステル・デ・ナタ〕、通称エッグタルトの有名店があり、送迎バスが来るほど人気らしい。レストランは窓から見える海岸を歩いていく。海岸を野良犬が散歩している。レンガ造りの建物が、目的のレストラン。中は、別世界。赤いギンガムチェックのテーブルクロス、テラコッタの食器。店内は、お客さんで賑わっていた。レストランまでの道すがら、ほとんど人がいなかったのに。

ここは、1986年4月創業の老舗のポルトガル料理の店。中庭には、炭火のグリルがあったり、洗濯したテーブルクロスが干してあったり、バケツやトイレットペーパーなどの備品が出してあったり、アットホームな雰囲気でいっぱいだ。こんな田舎の漁村でも、テーブルクロスや食器や調理道具が違うだけでポルトガルにいるように錯覚してしまうから不思議だ。だから私も道具を集めたくなるのだとふと思った。料理はチキンのグリルやバカリャウ（塩漬けたらの干物）の卵とじ、あさりとパクチーの炒め物など、お肉と海の幸が満載だ。赤いギンガムチェックのテーブルクロスの上に豪快な料理がのった白い食器がベストマッチ。ところで、ギンガムチェックのgingham〔ギンガム〕って？　調

01 ホテルの部屋からの景色
02 海辺の野良犬はのどかさの象徴

02

01

03

04

べによると、語源は、マレー語の「ストライプ」に由来するとか、フランスの地名のGuingamp〔ガンガン〕という説もある。ギンガムチェックはフランス語ではle vichy〔ル・ヴィシー〕という。フランスのジャムで有名なBonne Maman〔ボンヌ・ママン〕やカマンベールチーズで有名なLe Rustique〔ル・ルスティック〕もパッケージに象徴的に赤いギンガムチェックが使われている。フランスのビストロのイメージもそうだ。フレッシュで明るい清潔感が、赤いギンガムチェックのイメージ。多くのレストランで使われるのもわかる気がする。ちなみにテーブルクロスは、皿の役割もあるのだとか。なので、パンはテーブルクロスに直置きしてよいのだそう。

ジャンプイン

マカオの街は、ポルトガルの雰囲気と中国が交差する独特な空気をまとっている。何かいい器や道具を探したいものだと思っていたけれど、なかなか見つけられなかった。何か取れ高が欲しくて、タイムリミットギリギリに、コロアン島のポルトガル料理の店でもらった住所を頼りに、倉庫へ向かった。実は、店の食器はあの店で輸入していると聞いたのだ。土地勘もない中で、必死に走って探して見つけ出した。物流倉庫のようなビルのワンフロアにあった。でも開いてない！　インターフォンを鳴らせど反応がない。でも諦めなかった。そうしたら、奥のほうから人影が……。中に入れてもらい、急いで物色した（時間があれば最高の環境だったのに）。

この日は、帰国日。急いで香港に戻らなければならなかった。その後は奇跡の連続で、飛行機の時間に間に合った。もちろんジャンプインで。そうやってモノと思い出が結びついていく。

03 皮がパリパリのチキンのグリル　04 重厚なレンガの壁。石の床に赤いギンガムチェックのテーブルクロスが効いている　05 倉庫内にはポルトガルの陶器が並ぶ　06 街外れの倉庫街　07 倉庫を隔てる鉄格子

05

06

07

非洲辣雞【フェイチョーラージー】

アフリカンチキン

アフリカにはないアフリカンチキン。
大航海時代に船乗りが、経由地だったアフリカで好んで食べた鶏肉のグリルが原型。
途中、マラッカでスパイスと出合い、この形になったとか。なんとも夢のある料理。

材料（2〜3人分）
鶏もも肉…2枚

〈マリネ液〉
パプリカパウダー…小さじ1/2
＊あればマッサ（パプリカペースト発酵調味料）を使用
塩…小さじ1
オリーブオイル…大さじ1
レモン汁…小さじ2

〈ソース〉
オリーブオイル…小さじ1
玉ねぎ（みじん切り）…1個
しょうが（すりおろす）…1/2かけ
にんにく（すりおろす）…1かけ
トマトペースト…大さじ1
A
- パプリカパウダー…小さじ1
- カイエンペッパー…小さじ1/2
- カレー粉…小さじ2
- 砂糖…小さじ1
- 塩…小さじ1

水…150mℓ
ココナッツミルク…150mℓ
〈飾り用〉
ブラックオリーブ…適量

作り方

1. 鶏肉は半分に切って、バットに入れ、マリネ液の材料を混ぜて加え、冷蔵庫で1時間〜ひと晩おく。
2. フライパンに1.の鶏肉を、皮目を下にして入れて焼く。皮がこんがりときつね色になったら、裏返して両面を焼き、いったん取り出す。
3. ソースを作る。2.のフライパンにオリーブオイルを入れ、玉ねぎを加えて炒める。玉ねぎの甘い香りがしてきたら、しょうが、にんにくを入れてさらに炒め、なじんだらトマトペーストとAを加える。
4. 3.に分量の水、2.の鶏肉を入れ、蓋をして20〜30分煮込む。肉がやわらかくなったら、ココナッツミルクを加えて混ぜる。
5. 4.の肉を耐熱容器に並べ、ソースをかけて180〜200℃のオーブンで濃い茶色になるまで、30〜40分焼く。ブラックオリーブを飾る。

焼いて煮てオーブンに入れるので肉はやわらか！
スパイス使いがインドでもない味わい

COLUMN 03【アジアの市場】

プラスチック大国

ベトナムは、ピンク、レッド、ブルー、
グリーン……。
カラフルなプラスチックの色が、
街の風景の一部になっている。
市場の食材を並べるかご、
屋台の椅子や食器……。
それらは、生活を支える大切な道具だ。

ANH CHIN
HÒA AN ĐUONG
58

おわりに

道具と一緒に巡った旅。いかがでしたか?
毎回の珍道中も、振り返ると、楽しい思い出。
思い出のそばには、いつも道具があった。
私が好きな道具は、その国で日常に使われているもの。
小さな道具ひとつとっても、それぞれに歴史があったり、
使われ続ける理由があることに気づく。
そんなことを知るとまた愛着が湧いてくる。
我が家のキッチンには、旅のかけらがたくさん。
別に持っていなくても何不自由ないものだが、
我が家では、大切な料理のエッセンスになっている。
もし、旅先で買ってきて眠っているモノがあったら、
ぜひ、使ってみてほしい。
きっと違った景色が見えるはず。
そしてまた、旅に出よう!　未知なる味と道具を探しに。

口尾麻美　くちお・あさみ

料理研究家・フォトエッセイスト。旅先で出合った食材や道具、ライフスタイルからインスピレーションを受けた料理を提案。異国の家庭料理やストリートフード、食文化に魅せられ、写真に収めている。旅をテーマにした料理を書籍や雑誌、イベントを通して発信している。各国のレシピを紹介する料理教室も大人気。道具、とくにキッチングッズのコレクションは膨大で、飾るだけでなく、実際に使用し、世界の料理作りに活用している。著書に『まだ知らない台湾ローカル 旅とレシピ』『旅するリトアニア』(ともにグラフィック社)、『トルコのパンと粉ものとスープ』(誠文堂新光社)、『旅するインテリア』(ケンエレブックス)など。

インスタグラム⇒@asamikuchio

旅するキッチン　異国で出合った道具とレシピ

2023年1月20日　第1版発行

著者　口尾麻美
発行者　河地尚之
発行所　一般社団法人 家の光協会
〒162-8448 東京都新宿区市谷船河原町11
電話　03-3266-9029(販売)
03-3266-9028(編集)
振替　00150-1-4724
印刷・製本　図書印刷株式会社

ISBN 978-4-259-56746-0 C0077

ブックデザイン　岡村佳織
料理・道具撮影　在本彌生
旅のスナップ　口尾麻美
編集　小島朋子
校正　安久都淳子
DTP制作　天龍社